投资人的逻辑

投融资
策略与
上市思维

INVESTOR

于智超 著

北京联合出版公司
Beijing United Publishing Co.,Ltd.

图书在版编目（CIP）数据

投资人的逻辑：投融资策略与上市思维 / 于智超著
. — 北京：北京联合出版公司，2021.9（2023.5重印）
ISBN 978-7-5596-5304-8

Ⅰ.①投… Ⅱ.①于… Ⅲ.①投资—研究—中国
Ⅳ.①F832.48

中国版本图书馆CIP数据核字（2021）第158409号

投资人的逻辑：投融资策略与上市思维

作　　者：于智超
出 品 人：赵红仕
选题策划：北京时代光华图书有限公司
责任编辑：郭佳佳
特约编辑：刘一冰
封面设计：夏海波

北京联合出版公司出版
（北京市西城区德外大街83号楼9层　　　100088）
北京时代光华图书有限公司发行
北京米乐印刷有限公司印刷　　新华书店经销
字数187千字　　880毫米×1230毫米　　1/32　　9.75印张
2021年9月第1版　　2023年5月第3次印刷
ISBN　978-7-5596-5304-8
定价：78.00元

简约而不简单的投资功夫

我拿到智超的这本书，既意外又惊喜。意外是因为知道他工作非常忙，竟然能挤出时间写出几十万字的专著，深知实属不易；惊喜是因为这本书的内容非常透彻、非常实用，看得出来他下了很大功夫。

首先是"简"。大道至简，简的背后是洞察本质的功夫。

投资这件事情说简单也简单，说复杂也可以很复杂。智超将复杂问题简单化，找到了做好投资的核心要点，抓住了"主要矛盾的主要方面"，并且言语质朴、言简意赅地将其写了出来。

其次是"约"。博文约礼，约的背后是纲举目张的功夫。

我与智超是香港中文大学的校友，母校校训是"博文约礼"。古人认为"读书一事，要由博而返之约，总以心得为主""博而不杂，约而不漏"。智超站在投资人和企业家的双重视角，部分跳脱了传统"募投管退"的叙事逻辑，也没有局限于投资行为本身，而是把自己多年的见识和思考以及掌握的庞杂信息，层次分明地高度总结成干货奉献给大家。

功夫的背后，是智超在投资和文字方面的功底。

投资方面功底的积累来自三点：一是长度，他在长达十几年的时间一直从事金融和投资行业，经历了足够长的时间周期；二是高度，他在国家级风险投资机构、中央企业投资平台和头部保险、券商公司都工作过，具有高屋建瓴的视野，接触过顶级的投资机构，把握住了最好的投资机会；三是广度，他在行业里面非常活跃，人脉非常广，因此接触的各方面信息也非常多。

文字方面的功底有两个层面：一是写作。智超在多个国家级刊物发表过金融时评、散文等各类文章，出版过长篇小说，还撰写过电影剧本（该电影曾在中央电视台播出）。由此可见，智超的文笔一流，文风老练。二是跨专业的学术训练。智超最早读文学，后来钻研法律，读 MBA 则是专研金融方向，他一直在迭代和拓展自己的专业领域。由此可见智超知识体系之丰富和开放。

本人非常荣幸能与智超结识，在这些年的近距离交往中，感受到了智超的幽默、博学和上进，也见识和学到了很多他简约背后的功夫。

这本书是智超多年投资生涯和人生阅历的沉淀，在简约中透着洞见。我诚挚地向大家推荐，希望智超能通过这本书"以文会友"，有缘结交更多有识之士，相互切磋，共同进步。

陈能杰

母基金周刊创始合伙人兼 CEO

推荐序二

　　有人说，投资是人生的最后一份职业，这句话我非常认同。但是投资的水很深、坑很多，做投资人入行容易，拿了钱就可以做投资，但学精不易。就拿股权投资来说，从种子投资、天使投资、VC（Venture Capital，风险投资）到 PE（Private Equity，私募股权投资）阶段，投资动作差不多，项目入库、项目立项、项目尽调、项目投决等流程大同小异，投资逻辑和风险却各有不同，早期投资单个项目金额小，主要看赛道、模式和人；后期投资金额大，主要看数据、财报和行业地位。项目阶段越靠后，金额越大，拿到的股份却很少，因为项目估值变高了。虽然后期的项目确定性高，但并不是没有风险，如果尽职调查和风险控制没做好，照样会全军覆没。所以说做投资，易学难精。如同打高尔夫球一样，拿起球杆就可以下场，经过简单的练习，就可以把球打出去，但是可能会打飘、打深、打左、打右，有时一着急还可能打不到球，或者将球打进沙坑、打下水。做投资和打高尔夫球一样，除了技术，还需要有好的心态，一个球打不好，或者一个项目没投好，不能气馁，需要多练习、多思考、多复盘，而不是一气之下把球杆折成两段，扔进水里。投资人不能意气用事，做出一些非理性的举动。

投资是一个很复杂的题目，既有宏观的经济、政策、技术、市场等专业分析，也有微观的产品、用户、收入、利润、资产、负债等具体的指标和参数判断，当然还有外围的竞争对手、未来的业绩增长等行业研究和分析，最后也不乏对人性的判断，因为有钱的地方最能反映人性。产品都是由人做出来的，想要搞懂产品就需要了解人性的痛点和需求；企业也是由人构成的，人是群居动物，距离可以很近，也可以很远。企业的股东、合伙人如果有相同的使命、愿景和价值观，自然会心贴心，如同一支磨合已久的足球队，绿茵场上的队形、站位、跑位、传球配合默契，恰到好处，必能战胜对手。反之，如果合伙人之间理念不同，大家都有自己的小算盘，那么这个企业早晚会垮。投资人就是要学会在最短的时间内识人和投人。

我认识学弟智超的时间虽不长，但也好几年了，知道他学贯中西，在投资行业深耕多年，不仅业绩斐然，还自成一套理论体系，并经常分享于同行好友。本次他厚积薄发，成书一册，内容翔实，实务和理论兼备，此集合他多年经历心血凝成之作，可以称之为创业投资圈难得的投资工具书，也可以称之为对投资行业的悟道之书。智超兄弟从事金融行业多年，也经历过两次创业，对创业和投资都深有理解和感悟。

实践是检验真理的唯一标准，相信做理论的践行者，做实践的升华者，才是投资人不断提升自己的正道。

古语云"有人辞官归故里，有人漏夜赶科场"，对股权投资来说，投资就是投未来，谁知道未来摘得百倍回报的不会是你呢？

刘小鹰

老鹰基金创始合伙人　中国长远董事会主席

让投资变得更简约

　　随着中国资本市场体系的逐步健全，尤其是科技创新板（以下简称"科创板"）快速地大力推出，以及创业板注册制的敞口拓宽，将加快打破原有拟上市公司格局，改变现有上市公司的业态分布。股权投资的可选范围持续增加，资本市场变现的场景貌似增多了，实则泥沙俱下，良莠不齐。尤其在《关于规范金融机构资产管理业务的指导意见》（以下简称《指导意见》）发布之后，市场上的资金被关进笼子里，大量股权投资基金募资困难，加上 2020 年新型冠状病毒肺炎疫情（以下简称"新冠疫情"，2022 年 12 月 26 日新型冠状病毒肺炎更名为新型冠状病毒感染）带来的业务沟通不畅，有大量的股权投资基金企业大幅裁员，甚至注销公司。不过，这些消极影响并没有阻碍二级市场机构投资的造富步伐，进而刺激了一级市场的活跃。社会资金对硬科技企业加大了投资力度，国家和地方政府也对技术创新企业和人才提供了有史以来最大的政策红利。这些无疑都是 2020 年中国资本市场的显著特点。

以上变化充分说明中国的资产证券化程度提升空间巨大，中国资本市场也可以像纳斯达克、伦敦、法兰克福等交易所一样，吸引和容纳大量的海内外优质企业。另一方面，国家资金和社会资金在投资标的的选择上也更加多元化，广大投资者因此降低了投资风险，扩大了投资视野。中国资本市场在与世界上顶级的交易机构进行博弈的同时，不断提升金融从业人员的专业素养和专业市场知名度。

我认为在此过程中我们必须对以下挑战予以充分的重视：

第一，从业人员甄别投资项目的眼光有待锤炼。人是资本市场发展的基础，从来没有什么经验是凭空得来的。美国、英国等老牌经济体对资本市场的体验和解读都是从很多个经济周期的反复摸爬滚打中深刻体悟得来的，是在与众多机构和监管体系的博弈过程中逐渐摸索出来的。所以，有些坑是必须跳的，吃一堑长一智，才可以较快地从坑底爬上来。无论是我们的监管机构还是资本圈的从业人员，对项目本身的客观判断，以及对国家和行业发展趋势的准确判断都至关重要。投资团队既要能从宏观上预测未来的大势所趋，又要从微观上调查清楚企业的团队管理、核心业务、市场拓展等，并且还要通过投后管理和资源整合为企业赋能，这本身就是一个很大的挑战。

中国在汲取欧美等经济体发展经验和教训的同时，要做好有关部门人员的培训工作，以便适应新的金融产品要求。随着国内资本市场对国外投资机构的开放以及外资股比限制的放宽，市场化程度较之前更强，国内的投行和投资机构已开始在市场上与国外相关机构正面搏杀。这种搏杀带来的一定是血与泪的教训。不过中国人是最擅长学习的，在付出心血之后，肯定会健全和完善资本市场最根本的人才资源体系。中美贸易战也会促使众多的国外金融人才回归，最终促进中国金融市场良性发展。

第二，市场监管制度需要逐渐完善。资本市场的完善除了靠人，正常的经营运转必须要靠制度来支撑——行之有效的制度体系凝结了很多代人的智慧结晶。从实际情况看，虽然我们目前的市场监管制度颇为严格，但也有一些不合理的地方。例如原来在强制企业利润分红方面没有规定，现在对此虽有了制度性要求，但仍然不够；再如对企业入市、退市的严进严出虽有制度规定，但真正退市的企业实际并没有多少，存在劣币驱逐良币的现象。

我认为，对于任何一项制度的完善绝不是靠照抄照搬得来的，而是靠模仿加创新，再结合本地资本市场情况，由资本市场的参与者们共同努力打造而来的。同时这种制度要兼顾不同发展阶段的特点，平衡多方利益诉求，在约束中成长，在成长中阶段性放开和再约束，以使资本市场能够长期健康地发展壮大。

第三，资金方面对资本市场的认可度的提升挑战。很长一段时间内，中国大众的投资渠道很单一。随着金融业的大力发展，众多金融产品如雨后春笋般地涌现出来，人们的投资意识和投资理念都在发生转变。但近年来中国股票市场一直处于低位徘徊状态，只能眼睁睁地看着美国股市不断再创新高。中国资本市场会不会出现像美国股市一样的持续上涨以及由此带来的资金变化，将是我们未来要应对的巨大挑战。

随着价值投资理念越来越被投资者认可，投机氛围会不断趋弱，一旦资金对资本市场的认可度处在一个整体向上的环境里，就会做出非常正面的回应，资本市场也会逐渐展现出它的价值魅力。

一级市场的投资对很多民众而言非常陌生，不过"人无股权不富"这句话倒是成了市面上的流行语。大量第三方财富机构在普及股权投资教育方面做了许多工作，高科技企业和互联网企业纷纷上市带来的造富效应也使得很多人开始考虑资产配置，即"不把鸡蛋放到一个篮子里"。另外，银行的低利息让人们不得不重新思考如何使手中的资产保值增值，如此促使了大量的长钱投入长期回报较好的股权投资领域。资金内循环和生产内循环共生促进了资本市场的内循环，资本市场必定在这一轮政策红利的内循环环境里风生水起。

科创板让一级市场的投资机构对二级市场一夜暴富的幻想风靡一时，也让投资机构对项目的判断简单化。在赛道选择和赛马选择的过程中，既有大量的"学费"交给了市场，同时也培育健全了市场。去伪存真、去粗取精，各路人才、资金更加敢于涌向股权投资市场，极大活跃了股权投资市场。

如何让股权投资简约化，如何使企业对于融资的认知从原来的债权需求大于股权需求转变到股权需求大于债权需求，这是本书希望能在中国资本市场风云变幻之际和大家分享的。

为便于说明问题，我在书中撰写了一些案例，如有雷同，纯属巧合。

CONTENTS

目 录

1

二、被投实体企业篇

一

投资机构篇

（一）投资机构最爱的企业画像

投资收益和风险是成正比的，作为投资周期相对较长的投资机构，天使投资和 VC（Venture Capital，风险投资）机构对高风险与高收益的正相关看得很开，在基金产品里也不追求一城一池的得失，而是更为看重整个基金产品的盈利。

而 PE（Private Equity，私募股权投资）机构则将对风险的控制和项目质量的控制放到了非常重要的位置，在选择被投公司的时候，都是挑选其中的"优等生""头马"——所选、所投企业都发展到了成熟阶段，也不太容易犯错。

PE 机构即使实操能力不能跟投行比，但对 IPO（Initial Public Offerings，首次公开募股）标准变化的掌握并不比投行差。

PE 机构更多地关注被投公司当前或者未来两年内是否符合现有资本市场准入的政策标准。有的被投公司是确定性比较高的，有的则是要靠稍丰富的想象力才能达到一定确定性的。其中，确定性较高的企业往往比较强势，想象力丰富的企业则必须具备强有力的支撑。作为"相爱相杀"的投资方和被投方，双方的"画饼能力"都很强悍，尤其擅长鼓励别人和自我鼓励。

免疫力较强、标准要求比较明确的 PE 机构对"画饼"不感冒，而偏向于早期和成长期的天使投资、VC 机构则更看重这张又大又圆又好看的"大饼"，上面似乎还镶着发财的"金边儿"。尽管如此，在不同阶段的投资人眼里，不同行业的企业普遍存在一定的共性，这是大家都非常看重的。

1. 投资机构最爱的企业的三个标准

（1）股东背景和创始团队是投资人最看重的判断标准

优质的企业不一定是规范的企业，"规范"二字对于未上市的企业，尤其是初创企业和尚且处在成长期的、野蛮生长的企业而言是非常奢侈的。

针对规范性不强的企业，投资人一是看股东构成，即股东里面是否存在产业龙头或 BATJ（百度、阿里巴巴、腾讯、京东）等互联网巨头。"带头大哥"绝对是被重点关注的。如果股东中有"带头大哥"背书，不但说明该企业在业态方面有契合"带头大哥"的可能，而且在产业链上也有取得技术、渠道、平台支持的可能，更有被吸收到"带头大哥"体系里的可能。

二是看创始团队。创始合伙人是投资人最看重的部分之一。创始团队的从业经验是否丰富、学历背景优质与否、创业年龄适当与否、实操能力是否强悍，这些"硬件"都是投资机构考察的重点；此外，投资机构还需要看创始团队的创业天赋，即敏锐的行业洞察力。

科学研究表明，按照对成功人士的各项特质进行筛选，有一个特质是相同的：充沛的精力和旺盛的体力。这种特质不分行业，不分年龄，不分性别，比别人精力体力旺盛而多出来的时间可以成为超越同行的"奋斗"时间。

当然创始团队的学历背景和知识背景是最重要的。创始团队丰富的从业经验所积累的知识体系，对行业商业模式以及对生产、技术、销售等环节的熟悉程度和感悟，在原公司从事的中、高级岗位所带来的看待问题的深度，以自身对行业独到的见解带来的商业模式破局的可能性（或者说在前一家公司业务模式的基础上有不断的创新，有超越前东家的可能性），都将影响投资机构的判断。

当然，创始团队之前做出的成绩不代表将来也一定成功，但是作为聪明人，跳过的坑，应该不会再跳第二次。

（2）所处行业的"天花板"意味着成长空间的大小

在中国，市场容量最大的是房地产行业，排名第二的是汽车产业。市场容量的大小被比喻为市场"天花板"的高低。"天花板"越高，意味着市场蛋糕越大，竞争企业越多，也意味着可能产生的独角兽企业越多。这就像人才大都想要留在北上广深这些大城市一样，虽然竞争激烈，但无论是就业机会还是个人成长历练的机会都很多。

国家统计局制定的《战略性新兴产业分类（2018）》中，战略性新兴产业包括新一代信息技术产业、高端装备制造产业、新材料产业、生物产业、新能源汽车产业、新能源产业、节能环保产业、数字创意产业、相关服务业等九大领域。

在目录里，九大领域又各自细分出数十甚至上百个领域，涉及范围十分宽泛。很多子领域并没有官方统计的市场容量，所以投资者和企业家在对九大领域做出基本判断的同时，也需要对子领域有专业化的认识。如果仅仅是将九大领域的市场容量泛泛叠加和摒弃，对其未来三到五年增长速度臆想预估，而不做专业分析，会使做出来的估值模型不可信，也会影响未来数年 IRR（Internal Rate of Return，内部收益率）的测算，那么，某子领域单体项目的差异也会影响基金产品退出时的效益。

因此，在测算的时候要结合国家正式公布的统计数据，同时要参考各个省份发布的子领域统计数据，此外还需结合业内前沿专家对行业的分析和预判。通常，头部企业在行业协会统计中的市占率是比较可信的，可以以此为根据进行推演测算。

（3）商业模式和技术含量是衡量某些行业的研判重点

在商业模式层出不穷的互联网科技行业，每天都有大量的创业者想出实操性强弱不一的商业模式。这些商业模式有少数会被应用于创业企业，在资本的验证下，或迅速被主动摒弃，或交完昂贵的学费后被摒弃。

商业模式制胜类的创业企业与硬科技制胜类的企业相比，更需要天时地利人和。创始团队不但要将国家行业政策吃透，而且还要抓住绝对的商业难点、痛点，更重要的是要动用三寸不烂之舌说服投资机构拿出资金来"烧"。

共享单车、共享充电宝等被验证可以施行并可以规模化后盈利的共享商业模式，不过是在上百亿的资本投入"烧垮"了无数的红、黄、蓝小单车后，又沙里淘金地留下了有限的几个共享单车品类，才算获得成功。反面的例子是，曾经在商业模式、成本费用上被印证行不通的共享汽车，让诸多知名投资机构折戟。

技术含量对于高端装备制造业来说是必备要件。高端装备制造的很多客户都是国有企业（以下简称"国企"）、中央企业（以下简称"央企"），还有如宁德时代新能源科技股份有限公司（以下简称"宁德时代"）、华为技术有限公司（以下简称"华为"）、中兴通讯股份有限公司（以下简称"中兴"）、京东方科技集团股份有限公司、三一重工股份有限公司等国内500强企业。这些企业的供应商产业链条上会诞生出几十、上百家上市公司，除了较低端的上下游之外，有技术含量的公司会成为巨无霸公司降本增效的利器。

技术的先进性与一个企业在某一个行业多年的积淀是有关系的。例如三星集团（以下简称"三星"）在半导体行业数十年的深耕，例如华为在 5G 通信领域的重金研发。"逆水行舟，不进则退"，如果没有资金和人才的持续投入，所谓龙头企业很快会被第二名、第三名强势超越。

科创板的上市标准里对研发投入的考量是非常严格的，这也凸显了资本市场对"硬科技企业是国家的发展基石"已经有了深刻的认识。

下面这个案例很好地体现出上市对企业研发投入的标准和要求。

某钢铁电商平台项目（以下简称"A 公司"），系某大型上市钢铁集团整合原有大宗商品电子商务相关资源，以钢铁供应链服务为核心，集交易、运输、仓储、加工配送、数据、技术、金融、信用体系为一体，以全新商业模式建立的第三方大宗商品生态服务平台。该平台本次融资的目的是引入员工持股和战略投资者，以缩小控股股东持股比例，避免行业同类公司认为其"标签符号"过重，通过分拆上市。

A 公司的集团母公司具有深厚的产业背景，创始团队是由集团公司下放数百人组成的。作为钢铁产业集团的资深员工，进入全新的行业就如虎入羊群，势不可当，这也是一支员工真金白银掏钱出来完成持股计划的市场化队伍。

A 公司上一轮投资者除了金融机构之外，其余都是在仓储、客户、物流等业务方向上对 A 公司产生助力的战略投资机构。这类员工持股的公司既具备上市公司的规范性，又有员工身家在里面。在未来，员工的主人翁意识、创新意识、成本意识、拓展意识都会大大增强，可以为企业的发展注入内生动力和发展活力，前途不可限量。

而且，公司还有能够赋能的战略投资机构加持，这些都是融资的加分项。

事实证明，A 公司的发展确实迅猛异常，过去三年的业务总量从 1328 万吨增长至 6900 万吨，营业收入实现快速增长，净额法下的收入从 8.48 亿元增长至 24.61 亿元。EBITDA（Earnings Before Interest, Taxes, Depreciation and Amortization，税息折旧及摊销前利润）于 2019 年转正，2020 年上半年提升至 1.2 亿元，毛利率逐年上升，盈利情况逐渐改善。2020 年四季度可实现单季度盈利，预计 2021 年可实现全年度盈利。

A 公司在合作钢厂数量、直销产能规模、注册用户数、运输承运商数、加工服务商数、监管仓库数、供应链资金发生额、授信额度等各项关键指标上都遥遥领先于同行业其他公司。

从"天花板"的高度来看，根据全球知名研究机构 Frost & Sullivan 公司预测，按收入计算，中国钢铁电商市场的总规模从 2012 年的 160 亿元增长至 2019 年的 1240 亿元，复合增长率超过 35%。到 2022 年，中国钢铁电商市场的总规模将增长至 3290 亿元，未来 5 年的复合增长率为 42%。

随着钢铁电商渠道对钢厂端覆盖率和渗透率的提升，以及向供应链中下游的延伸，线上交易将逐步取代传统销售渠道。预计 2023 年线上交易量约 5 亿吨，占钢铁流通总量的 40% 左右。

钢铁电商通过物流运输交易平台、仓储体系以及加工服务体系的建设，将逐步提升对钢铁物流服务体系的影响力；通过提供代理服务、引流服务，以及跟单、技术增值服务等，将逐步提升服务带来的收入比重；通过为钢铁中小贸易商提供供应链金融服务，集中解决了中小企业融资难、融资成本高等问题。

身为电商平台，A 公司技术层面的实力注定会被投资机构关注，A 公司所属集团本身就对平台运营信息化有丰富的经验。

A 公司的技术中心沿袭了集团对信息化建设的传统，加强了相关人员配置，现有 IT 专业人员近 400 人，专业技能涵盖项目管理、架构研发、JAVA/PHP/NET 开发、Android/iOS 开发、前端设计、主机网络集成维护等各个方面。A 公司平台的核心技术涵盖互联网微服务、物联网、大数据分析、人工智能、货物智能监管、区块链、移动 App、H5 小程序等多个领域。在软件等无形资产方面，A 公司投入了高达 9 亿元，搭建了领先于同行业的供应链基础支撑平台、电商交易平台、第四方物流平台及各项租赁、仓储物流实时监控平台、一站式物流服务平台、银行等金融服务平台。

在电商平台的信用管理方面，A公司也在下功夫。钢材交易具有资金规模大、价格时效性强等特征，买卖双方对交易信息的真实性及交易安全性有很高的要求。为此，A公司采用SaaS（Software as a Service，软件即服务）服务、页面埋点、爬虫技术、流数据处理等多种方式采集数据，逐渐形成了PB级的数据规模，在此基础上完成了用户行为分析、交易分析、供应链产品分析等一系列的分析应用，确保了信息的真实性和交易安全。

此外，A公司的系统监控已覆盖近3000家仓库，各仓库通过系统进入公司的统一仓储平台进行"人机"综合管理。鉴于银行对钢铁类产品的实时估值、货品真实性存在质疑，钢铁类产品的变现又并非银行的专业，A公司建立了专门的管理系统，利用视频直播和视频监控等形式，随时监测观察商品实物及有关信息，以有效保证货物的完整性、真实性、安全性。团队利用对钢铁市场实时价格的把控，对产品进行准确估值，并且将需要质押的产品存放到各地自有或租用的仓库中，保证了货物掌控在手。一旦可能发生坏账、呆账，立即就在自有平台上对质押物无缝挂牌销售，在此期间发生的对银行的利息成本由A公司来垫付，从货款中扣抵。

A公司通过这种方式逐步构建起交易背后的信用体系，为平台上的交易双方及自身供应链金融业务的快速发展提供了坚实保障。

A公司所属集团的上市公司特性使得金融业务成本大幅

压缩，金融板块业务获得了超过数百亿元的银行授信规模，与五大行在内的几十家银行构建了对接系统和深度业务合作。A公司的平均融资成本等同于基准利率水平，比同行业单一公司的融资成本低了一大截。

A公司通过运用区块链、大数据分析等技术，建立了高效的风控和征信体系，能够迅速甄别客户的质量，确保放款的安全性。在未来，A公司开始尝试引入银行等金融机构，直接面向客户提供金融服务。A公司为贷款主体提供风控、监管、贷后管理、资产处置等闭环管理服务并收取服务费。该模式下不需要占用被投公司自身资金，可以有效降低资产负债率，且无须承担坏账风险，还能帮助银行完成客户投放贷款和开户指标，培养未来的优质客户。

总体来说，在商业模式方面，A公司在交易服务、供应链服务和金融业务中均以轻资产模式运营，具备很强的抗风险能力。在交易业务中，定位于第三方平台，承担的钢价波动风险以及资金压力小于竞争对手；在供应链服务业务中，以合作、加盟的形式高效地整合了钢铁生态圈各类型参与者，快速建立了覆盖全国的服务网络；在金融业务中，以银行"直融模式"直接引入外部金融机构的资金，对接中小微客户，可以迅速提升业务规模，且无须承担坏账风险。综合而言，A公司符合多数投资机构的投资期望，就看各机构有没有实力参与了。

2. 实际控制人性格决定企业精神

企业家是一个企业的主心骨，实际控制人的性格特点、成长环境、知识背景等方方面面综合起来决定了企业的命运。人类商业史上，企业家在带动企业发展的过程中，还会根据行业特性和与上下游打交道的各种明规则、潜规则不断修正自己的性格。

"商场如战场。"各行各业里的登顶企业都不是在温室里成长起来的花朵，所谓"狼性文化"其实每个企业都具备。

互联网企业作为当红"炸子鸡"，除了超强技术的支撑之外，展现在公众眼中的是腾讯马化腾的羽扇纶巾、京东刘强东的草莽之气、美团王兴的木讷隐忍、字节跳动张一鸣的憨厚聪敏，每个企业家表现出来的性格都对企业的发展有着深远的影响。

华为对员工持股的始终如一，格力对分红的坚定不移，京东对员工的关爱有加，海底捞对服务的追求极致，都成为企业家在企业文化上传导出来的价值观。现实中，很多企业的文化是经过麦肯锡等著名咨询机构打磨出来的，华为为此每年付给咨询机构巨额管理咨询费。在快速发展的中国社会，原本就有"三岁隔一代"的说法。因为年龄段基本按照五年来划分，每家企业都有不同年龄段的员工，每个年龄段的员工未来又会陆续成为企业的中流砥柱。怎样招聘员工、员工进入企业后该如何培养出良好的"三观"（即世界观、人生观、价值观），这在八小时以内是交给企业负责的。社会生活能够影响员工的地方是微乎其微的，企业文化教给员工的则会深入骨髓，甚至会影响员工对爱人的选择、对家庭的付出、对社会的认知以及对自身价值的认识。

京东曾经对外宣称，快递员工六人宿舍不够人性化，后改为在京东工作满三年的快递员可以享受单身宿舍待遇；海底捞让每个员工都可以每天微笑面对生活，可以有足够的权限对顾客提供打折等优惠，让贴心服务成为海底捞最大的企业特色；华为推行"狼性文化"；也有企业推行"家文化"；当然还有些无良企业有把员工的身份证扔到地上的丑陋文化。有些行为部分是企业所处的行业性质决定的，部分与领导的工作思路息息相关，排除"歪嘴和尚念好经"的少数案例，大多数不良现象产生的根源都是"上梁不正下梁歪"。

假如企业精神面貌是优良的，执行的人没有"念错经"，员工在思想和精神层面接受的是正能量，就会成为对社会稳定和发展有所助益的有价值员工。

实际控制人性格会影响对投资机构、合作伙伴描述时的诚信度。虽然扬长避短、刻意隐瞒是人性所在，但是在本来应该对投资机构坦荡荡的时候刻意隐瞒的企业家很难找到合适的投资人。

下面的案例就是典型的反面教材。

某投资机构拟投标的宣称以通信研发的核心能力为依

托，立志在各地政府智慧城市物联网建设及某网络系统相关网络建设中起到引领的作用。该公司从顶层通信设计开始搭建通信网络，并从渗透、掌握物联网、大数据、行业应用、商业运营等一系列业务出发，创造出一套国家级的物联网通信标准。

实际控制人曾经各种荣誉加身，创始团队由国际顶级的通信公司人员组成。该标的业务的市场容量确实很大，根据思科在 2014 年发布的 *"Embracing the Internet of Everything to Capture Your Share of \$14.4 Trillion"*（《拥抱万物互联，获得 14.4 万亿美元的份额》）报告预测，物联网到 2022 年将为整个社会带来 14.4 万亿美元的市场。

对于该拟投标的，作为一家主要投成熟期企业的投资机构，在实际控制人声称技术领先的设计下，重新搭建了一个合资公司拓展业务。鉴于创始团队资金实力不足，最终设计出的交易架构是投资机构以现金入股，出资 2 亿元人民币，某国外技术支持公司以研发入股，拟投标的则以业务入股。

从业务上看，拟投标的已经与很多地方政府签署了框架协议，之所以这样搭建交易架构也是基于此。股比方面，拟投标的将持有 51% 的股份，投资机构持有 34% 的股份，某国外技术支持公司持有 15% 的股份。经过谈判，某国外技术支持公司的股比可以进一步降低到 10% 以内。在股比不变的前提下，创始人愿意让投资机构享受公司整体 60% 的分红。在这轮交易中，某国外技术支持公司将不会注入专利，而是提供研发帮助和产品授权。拟投标的将积极吸收对方的研发成果，将研发成果与中国的业务相结合，形成大规模的专利池，专利权将放到新成立的合资公司，最终将其演变成国内的物联网行业标准。

经过分析，某国外技术支持公司是世界范围内行业产品生产的著名厂商，但是在中国的产品知名度不高，可能面临产品认知难、推广难的困境。此外，此类产品属于较为成熟的产品，华为、中兴在该领域已经处于领先地位，并在中国市场拥有非常高的渗透率。

从客户选用产品的角度，尤其是某系统从头开始建立的角度来看，对于设备生产商的配套支持要求较高，因此某国外技术支持公司在中国现有的配套团队可能面临人手不足、经验不够充分、缺乏竞争力等风险。

尽职调查卡在了实际控制人讲述的自有竞争力的发明专利上，某种程度上也反映出了实际控制人的性格，在重点环节做了一些不恰当的描述。

据管理层介绍，拟投标的拥有数十项发明专利，全部为核心专利，目前有几家位列消费电子世界500强的国外企业正在付费使用这些专利，还有多家跨国公司也在与创始人探讨专利授权。其中存在的问题是，这些专利全部归实际控制人个人所有，考虑到历史上这些专利曾与大公司在美国产生过诉讼，实际控制人认为不能把这些专利放入合资公司，否则会对未来产生重大不利影响。不过，实际控制人在会议上承诺可以将所有的知识产权免费给合资公司使用。

根据专家的访谈，通信市场做端到端的整体服务，所涉及的专利一般数以千计，甚至更多，所以市场上大型工程的主力玩家是实力雄厚、具备技术优势的供应商。这些供应商的优势是有数以万计的专利技术，这样可以与其他大型通信公司签订专利互换协议，大幅降低专利的使用成本。

经聘用专利机构协助尽职调查，在拟投标的实际控制人个人持有的数十项发明专利中，国际专利方面，有5项专利价值不大（D级），因为专利有效期只剩4年；共计18个专利被评为A级或者B级，价值较大；另外，有3项因未缴维持费用而终止；2项被驳回；有3项所提供的发明专利号与名称不对应。7项中国专利剩余专利有效期一般（10年以下），专利价值一般（C级）；国内的3项发明专利尚在申请过程中。从专利的关键词来看，其专利中有10项为原专利的延展开发。从数量上来看，拟投标的发展业务面临着核心专利数不足的风险。另外，拟投标的大部分专利在美国注册，而专利保护一般具有地域性，在中国的价值存在不确定性。

业务方面也存在着很大的不确定性。实际控制人作为主导合资公司拟占比51%的大股东，并没有把利益输送的口子扎紧。合资公司将负责研发和生产设备，如果拟投标的作为控股公司也参与到业务中，拟投标的承接一揽子服务，再分包给合资公司，就会存在大量的关联交易及利润转移的风险，对合资公司的股东即投资机构非常不利。

按照实际控制人描述的框架协议，业务已经板上钉钉，不会花落旁家。而实际情况是，在投资机构访谈了直管副市长后，得到的答案却并不令人满意。副市长的回答模棱两可，在可选的中标机构中已有几家签署了类似的合作框架协议，拟投标的签署的框架协议并不具有唯一性，也没有任何约束性，且目前拟投标的与各地政府仅处于签署框架协议的阶段，存在落地的不确定性，包括招标程序的履行、项目利润率、政府预算的覆盖等问题都还未有定论。

该标的目标客户为各地政府和国有单位，决策和执行的不确定性很高。因为物联网的子领域建设均由相关政府部门负责投资建设，需要协调的部门较多，能否按照时间表和计划搭建满足被投标的所需要的物联网存在一定风险。

综上所述，因为实际控制人对项目的主动"误判性"描述，此项目最终没有按照预期推进成功。

（二）投资机构尽职调查
"三板斧"，斧斧砍出"不能投的理由"

尽职调查又称谨慎性调查，是指投资人在与目标企业达成初步合作意向后，经协商一致，投资人对目标企业与本次投资有关的一切事项进行现场调查、资料分析等一系列活动。业务尽职调查在整个尽职调查的分工中，是最重要的环节，业务尽职调查能力是对投资机构员工最基本的要求，业务尽职调查与法律和财务尽职调查互相印证，最终形成投资决策。

1. 业务尽职调查能顶大半边天

业务尽职调查关注企业的方方面面，如管理团队的能力、公司业绩、交易状况、投资战略、合法证券等，等于给企业做一次全面的诊断，即使诊断时间并不长。反过来说，企业被投资机构从另外一个角度重新审视，对企业自身的拾遗补阙而言，这也是非常有价值的一次经历，即便投资机构出于种种原因没能投资进来，这个过程也能够让企业家对自己企业的人、财、物、运营情况、商业逻辑等进行审视和反省。

对于投资机构而言，被投公司生产技术的先进性是需要在业务尽职调查过程中重点关注的。硬科技企业在市场上的安身立命之本是将专利技术应用到产品中，得到市场的广泛认可，从而迅速变现，实现价值，再不断将资金投入研发，以推进技术和产品升级，降本增效，满足终端用户对产品品质不断提高的诉求。

由此，业务尽职调查要对发明专利给予重点关注。现在科创板上市的标准之一是企业拥有五项以上发明专利，实际上登陆科创板的公司发明专利平均数在近百项，并且大多数都是核心专利。这些专利在公司的业务发展中发挥了重要作用。在考察生产技术时，不但要考虑产品本身的技术先进性，还要关注生产设备和生产工艺的先进性。只有在生产设备和生产工艺都达到同行业顶级水平时，企业才有机会突围，实现真正的业绩爆发。

现在很多科研院所有大量过期、失效的发明专利，有些院所甚至以非常低的价格转让发明专利，与企业互惠互利，变现自己的闲置资产或增厚企业的无形资产。这样的"骚操作"会增加投资机构业务尽职调查的难度，可能就需要很多外部专家顾问和行业翘楚公司的工程师给予专业的建议和引导判断。但这在时间、精力、成本上都会给投资机构造成不小的浪费。这时就要关注专利的发明人是否是公司的高管或员工、专利是否由科研院所转让获得、专利转让时间是否在某次融资时点之前，这也属于被投公司策略战术上的一种知识产权布局。

一方面，被投公司花了很少的钱，拿到了显得特别"高大上"的发明专利，当被问到是否与主营业务产品相关时，可能会含糊其词地说属于商业机密，或者谎称这些专利将用于新一代产品的研发过程，这样会让投资人误以为被投公司是一个能够持续投入研发且会认真地把技术突破和人才引进作为持续举措的模范企业。另一方面，被投公司这样做，更重要的是拉升自身估值，以吸引更多的投资机构。毕竟真正的产业资本还是少数，尤其是在细分行业领域没有专业投资机构的时候，很多财务投资机构就会被步步为营、"请君入瓮"的企业误导，成为人傻钱多的真实写照。

不过，在真正登陆 A 股市场时，这种情况就会很快被投行和监管机构甄别出来。投行可能也会因为业务需要和利益驱使给企业一些建议，但很多时候是"睁一只眼闭一只眼"，甚至亲自帮助企业想办法在申报材料中"打擦边球"。这样做就是为了帮助企业顺利上市，以便能拿到大量的中介费用；保荐代表人完成 KPI（关键绩效指标）也能拿到大笔奖励，成功实现个人和机构的双赢。

对企业而言，在不同的发展阶段，需要有大量的资金来养活科技人员，特别是有研发能力的科技人员。在人员工资及各项投入上，公司付出的成本巨大，且不能马上见效。

基于此，企业为了拿到投资机构的钱，会用低价去购买一些基本无用的发明专利。

以下是一个企业家用心良苦"做工作"的案例。

某公司主要从事反光材料的研发、生产及销售，实现国内微棱镜产品量产并投入市场。这是一个依托新工艺做出的新材料项目，具有防水、耐磨等特点，产品性能远远高于玻璃微珠产品。该公司也是国内为数不多的拥有微棱镜技术并可以实现量产的公司之一。根据网络上的资料和研究所提供的研究报告，各方对此类材料的研发和市场容量的判断存在较大的差异。

作为行业龙头，该公司在上市前以 12.79 倍动态市盈率融资，对投资机构而言，回报率可以说是非常诱人的。

在财务核查方面，尽调人员查看公司 2014 年至今的销售费用明细账、营业外收入明细账、应付职工薪酬明细账、在建工程明细账、主营业务成本明细账、主营业务收入明细账，均未发现问题。为调查公司产能的真实情况，相关机构人员核查电费支付水单，2014 年至 2016 年，公司用电量以年 20% 的增速增长，符合逻辑，未发现问题。

不过，在与上市公司财务报表对比过程中，相关机构人员发现了几个问题：一是公司近三年均保持高速的增长，营收年均增长高达 200% 以上；毛利率为 41%，远超行业平均值 30%；净利率更是高达 26%，高于行业平均值 12%。针对这两项指标都比同行业上市公司要高出很多的问题，该公司给出的理由是采取新工艺之后降低成本的结果。二是存货周转天数为 94 天，远低于行业平均值的 117 天；应收账款周转天数为 51 天，远低于行业平均值的 74 天。三是营业收入增长率为 127%，远高于行业平均值的 45%；净利润增长率 139%，远高于行业平均值的 74%。而行业平均值也与行业国产替代的速度和年均增长速度有很大的差异。

在业务核查方面，相关机构人员访谈了公司董事长、财务总监、董事会秘书（以下简称"董秘"）和各级高管，以及公司销售、研发、办公室等中层领导干部和公司车间员工、司机等；拜访了公司大客户；观察了公司生产线厂房；在互联网上收集有关该公司的公开信息，查看公司销售合同并扫描。

据描述，公司高管和技术团队均有 10 年以上光学材料行业的工作经验，核心团队全程参与微棱镜技术的研发，在反光材料这一细分领域精耕细作数年，具有丰富的工作经验和行业背景。但在现场尽职调查过程中，尽职调查人员在厂房里并没有发现特别高新的设备；通过对研发人员的访谈和其简历、背景的了解，发现包括创始人在内的研发人员基本都是专科学历，且从言谈举止判断更像是销售人员，对光学知识也是一知半解，唯一能够佐证产品研发能力的，就是该公司与外部的两所知名"双一流"大学实现了战略合作，并拟成立联合实验室。不过，在尽职调查时并未见到实验室内有某大学的研究人员，也没有历史研究数据可以提供。有发明专利但不是公司人员研发所得，而是第三方转让，公司的专利结构主要是外观专利。在客户尽职调查研究上，作为对反光材料用量最大的公路交通行业，增幅明显小于研究报告显示的增速。

最终投资机构放弃了对此项目的跟进，没有聘请第三方进场。后来与其他投资机构碰面时说起，才知道该公司可能还聘请了 FA（Financial Advisor，财务顾问，别名"精品投行"）团队撰写行业研究报告，并发布到网站和某些期刊上。这些举动就是该公司为了在尽职调查过程中对投资机构进行误导，以便能够让投资机构在面临给出较低市盈率的甜头时，不做详尽的尽职调查就做出决定。

业务尽职调查并非置财务、法律尽职调查于不顾，而是除了对企业本身发生的业务管理和销售情况的尽职调查之外，还涵盖了上述两者的尽职调查内容。只有项目组没有发现阻碍投资的致命问题，才会聘请第三方进场，这样能够与之后的第三方财务和法律尽职调查从不同的视角做一个对比分析。

2. 法律尽职调查看"皮"

股权是企业成立发展之根基。股权结构合理的企业，创始团队占有主要股权比例是比较合理的。在尽职调查过程中，法律尽职调查一般是借助投资机构认可的外部律师事务所来完成，主要确认企业在历史沿革中是否有法律风险，因为每一个风险都会成为企业上市的障碍。

从法律尽职调查角度来看，企业最可能存在的风险在于主体资格有问题，这也是在监管部门审核时最看重的法律问题。主体资格看似轻巧，但是涉及企业的股本是否属实、企业股东取得的股份是否合法、企业作为一个上市公司的主体资格是否成立等问题。如此种种问题，可能都会影响企业的上市进程，更有可能会被投资机构直接否定。

中国证券监督管理委员会（以下简称"中国证监会"）颁布的《首次公开发行股票并上市管理办法》《首次公开发行股票并在创业板上市管理办法》中的发行条件中明确了主体资格、独立性、财务与会计、募集资金运用、规范运行等内容。发行条件要求企业依法设立、合法存续；企业历史沿革清晰可辨，历次增资、重组、并购、股权转让、引入投资机构都合法合规。

除了主体资格历史沿革中可能出现的问题，还有企业持有资产的法律风险考察，例如企业持有的土地、房产、无形资产、商标专利等权属方面的问题。

下面是一个企业存在法律风险的案例。

某大数据科技公司（下称"该公司"）拥有自主研发的大数据平台产品，主要提供企业级大数据平台和大数据解决方案。在做法律尽职调查的过程中，从历史沿革层面发现了该公司的下列问题。

股权转让中可能存在的虚假操作问题。该公司的第一次股权转让中，某资产评估有限公司出具的《资产评估报告》显示，评估"某运维管理软件"价值为 4000 万元，某信息技术公司将公司注册资本增加至 5000 万元，创始人以其持有的非专利技术"某运维管理软件"80% 的权益向公司出资。第二次股权转让中，第一次增资和转让的知识产权实际为某信息技术公司所有，上述股权转让主要是为了还原知识产权归属问题，转让价格为 0 元。在这一股权转让中，初始出资存在一定的法律瑕疵。

分包合同合法性问题。根据对合同主体的梳理，该公司存在以参与总包商分包方式承接项目的情况，政府部门招标时对承包方的资质要求为系统集成一级资质，而该公司当时只有系统集成三级资质，无法直接获取政府项目。

故该公司参与总包商分包形式承接项目存在一定法律风险。同时，根据和总包商的合同约定，该公司收款是以总包商收到最终用户款项为前提的，如果总包商与上游企业发生款项纠纷，该公司需要等总包合同分歧解决后，才能对总包商要求给予款项支付。若上述法律风险继续存在，该公司此项业务收入的持续性和收款确定性将受到影响。

历史沿革中的个人所得税问题。该公司历史上股权转让较频繁，且股权转让多按平价转让。2018 年 5 月的股权转让存在同批次股权转让价格不同的情况（有的为 1 元 / 股，有的为 1.5 元 / 股）。2018 年 11 月按 10 元 / 股的价格进行了增资，2018 年 12 月按 13 元 / 股的价格进行了股权转让。而且该公司股权转让的时间集中在 2018 年底。一般而言，6 个月内的股权转让价格或增资价格要求一致，否则税务部门有权结合净资产和股权最高价格重新核定计税基础。

3. 财务尽职调查看"骨"

投资不能只看 PPT，只听故事讲得圆不圆满。企业成长预测的合理性也不能是拍脑袋想出来的，财务报表里面的每一个数字都应该是严谨的，相关业务和费用都应该能在财务尽职调查里得到印证。财务尽职调查是由财务专业人员针对目标企业，对与投资有关的财务状况进行的一系列审阅、分析、核查等工作。在企业投资、并购等资本运作流程中，财务尽职调查是投资及整合方案设计、交易谈判、投资决策不可或缺的前提，是判断投资能否符合战略目标及投资原则的基础。

财务尽职调查内容包括：其一，审阅。通过审阅历年的财务报表及其他财务资料，查找经营过程中关键的财务因素。其二，分析性程序。如进行趋势分析、结构分析，对各种渠道取得的资料进行分析等，重点关注有无异常及重大问题。其三，员工访谈。与企业内部各层级、各职能人员，包括高管和实际控制人在内，进行充分而必要的访谈，其间还要与评估机构等中介机构保持充分沟通。

与一般审计的目的不同，财务尽职调查主要是为了给投资、并购提供合理化建议，是为了以较好的估值投资相应价值的资产，所以财务尽职调查一般不采用函证、实物盘点、数据复算等审计方法，而是更多地使用分析工具，这样才能够更好地满足投资机构的诉求。

与传统年度审计不同，财务尽职调查关注的是企业财务的规范性、股东背景和管控结构、行业和产品、经营和财务数据、同业态度，并且要给投资机构提出对于拟投资企业应如何整改的建议和意见，以便配合好下一步投资和并购的资本运作。

为了拿到投资，按照 A 股的上市标准，收入、利润、毛利率往往有可以参照的上市公司，如果想要净利润符合上市标准，就需要实现收入的同步增长，因此收入造假就成了拟上市公司经常被抓住的问题。

收入造假常见手法有以下几种：一是重复记录收入；二是不遵循权责发生制确认收入，按收付实现制提前确认或多确认当期收入；三是通过虚拟销售对象及交易，伪造订单、发货单、销售合同等；四是利用关联方倒买倒卖，虚增收入；五是利用先发货、期后退回的方式虚增收入；六是错记科目，将营业外收入等事项记为营业收入。种种方式不一而足，也就是通过一系列操作，使拟上市公司的收入、利润双增长，付出的成本就是多缴的税，再通过其他途径避税返税。

财务尽职调查需要核查公司的财税问题。

如果是为了抢上市的时间，需要让前几年的报表列入到报告期内，可能就需要跟当地税收部门洽谈，争取通过补税等措施让上市时间缩短一些。因为能够让当地企业迅速上市也是地方政府愿意看到的，不过不可能补太多的税，否则当地的税收增长和之前的合规审查压力也会增加很多，会相应地出现很大的风险。

《论语》曰："往者不可谏，来者犹可追。"既然需要追溯到上市前几年，是不是在这之前的行为不需要追责呢？这要看当时的操作是不是严重地违反了法律法规，比如虚开增值税发票、行贿等触犯刑法的行为。如果实际控制人涉及违法问题，基本上就可以为上市进程画上句号了。

下面是一个存在颇多风险的企业的案例。

某文化科技公司是国内领先的移动营销解决方案提供商，已形成全方位业务布局，覆盖了国内众多用户，为广告主提供基于大数据的移动营销服务。公司的业务主要是全案移动营销、广告平台业务与媒体代理业务。

iiMedia Research（艾媒咨询）数据显示，2019年中国移动广告市场规模达到4158.7亿元，预计移动广告市场规模将进一步扩大。移动广告营销行业整体发展较快，但竞争日益激烈。

随着移动互联网的快速发展，移动购物、移动支付等移动化消费行为拉动广告行业发展，移动端平台成为广告主投放广告的主要渠道。国内高质量的移动广告媒体资源较为集中，同时中长尾媒体也存在较大的变现需求。

如此庞大的市场"蛋糕"吸引了互联网巨头的争先入局。腾讯、阿里、360等行业巨头都已布局移动广告市场，卖方市场由拥有庞大用户群体的超级App领衔，同时多种投放渠道共同发展，逐渐进行资源整合，流量的长尾化特征明显，行业竞争也随着互联网巨头的进入日益加剧。由此，也带来了下列风险：

毛利率逐步大幅下降带来的可持续发展风险。该公司2020年1至9月、2019年及2018年收入分别为14819万元、9722万元及6693万元，归属母公司净利润分别为3258万元、3004万元及2209万元。广告平台业务的毛利率从2018年的79.35%下降至2019年的65.49%，2020年1至9月进一步下降至46.81%。毛利率的下降，一方面是由于公司给下游合作伙伴分成较大；另一方面是虽然业务规模有所增加，但毛利水平较低，拉低了广告业务的整体毛利水平。管理层预期未来广告业务的毛利率仍会进一步下降。

媒体代理业务从2019年开始为公司贡献收入，如前所述，公司将广告主客户支付给公司的充值金额及媒体返点作为收入，公司向媒体充值的金额作为成本，某些大客户公司会帮其垫资充值。同时由于媒体返点仍未结算，因此会出现负毛利的情况。如果不调整业务以增加毛利率，就会拖累整个公司的业绩表现。

经营性现金流紧张带来的风险。经营性现金流为负，主要是由业务拓展导致的。在广告行业中，每年年末前为结算的高峰，公司在没有外部资金引入的情况下，出现经营性现金流紧张的情况在所难免，如果客户出现变化，账期延长，很有可能对公司正常经营造成重大影响。

规范性不强和应收账款带来的风险。公司尚未设置完整的账龄管理，全部为手工统计账龄。客户质量和账期过长，报告期内，前五大应收账款余额客户基本为新开发合作的客户，不够稳定，前五大应收账款账龄客户有四个在一年以上。公司一年以上的应收账款占比超过 66%，整体来看，公司发生坏账的可能性较大。公司年底时将会按照会计准则对应收账款的坏账进行计提，会积极清理一年以上的应收账款，但预计收效甚微。另一方面，公司的预付账款及其他应收款由于业务的开展也增加较为明显。移动营销公司主要帮助广告主推广互联网产品，而广告主本身的商业风险将直接影响移动营销服务商的预算情况。从报告期内应付账款余额构成来看，公司正在不断优化下游渠道质量。

销售费用支出不规范带来的风险。公司销售费用主要是销售人员的商务成本、办公相关支出及业务拓展费等。广告行业的业务拓展费用历来较高，这也是行业业务竞争激烈导致的。该公司同样存在这样的问题，在未来上市财务核查时可能会有较大风险。

综合税率增加带来的净利率短期走低的风险。该公司享受软件企业所得税优惠至 2020 年，但由于该公司部分子公司享有税收优惠，该公司正将部分业务转移至具有税收优惠的主体进行，同时考虑到公司有可能加大研发投入，申请高新技术企业资质，因此预计 2021 年及 2022 年的综合税率水平为 20%。

（三）估值方法运用的不同

俗话说，"嫌货才是买货人"。

企业家和投资机构对企业都有一个心理价位，这个价位是主观的，因为心里对企业的热爱会产生畸形的股权占有欲，也有可能因为想"砍价"，而使谈判现场变得"杀气腾腾"。科学的估值方法很好地平衡了双方对估值的看法，用经过历史验证的估值方法来公允地综合判断一个企业的价值，也不必因为估值方法不一致打得不可开交，只要能够管理好企业，能在未来赚钱，眼前差的这仨瓜俩枣都不是事儿。

1. 投资运用的多种估值方法简析

巴菲特说过，一个投资者其实只需要学习两门功课：如何理解市场和如何对一个企业估值。目前，投资机构通用的估值方法是绝对估值法和相对估值法。

（1）绝对估值法

绝对估值法中，投资机构最常用的是 DCF 估值法（Discounted Cash Flow，贴现现金流量法），指对目标公司以现有财务数据为基础，对未来收益现金流进行预测，按照货币的时间价值以适当的贴现率将其转换为现值，以此作为目标公司的价值。此估值方法的优势是能够充分结合公司的价值与盈利能力，可以动态地分析、评定企业未来的盈利预测。巴菲特在其旗下公司 2000 年的年报中引用了《伊索寓言》的"一鸟在手胜过二鸟在林"，意思是说"确定性最重要"，这表明他一直对绝对估值法情有独钟，对不太适用于 DCF 估值法的科技股并不"感冒"。

DCF 估值法有两个输入变量：现金流和贴现率。自由现金流量是在不影响公司以后经营和发展的前提下，企业经营产生的、向所有权利者支付现金之前剩余的现金流量；自由现金流量可分解为企业现金流量和股东现金流量两个部分。确立完成自由现金流量模型可分为四个步骤：一是要预测被投公司的自由现金流量，二是准确确定公司的连续价值，三是确定一个合理的贴现率，四是通过该贴现率计算出被投公司的价值。贴现率是以资金本金的百分数计的资金每年的盈利能力，也指一年后到期的资金折算为现值时所损失的数值，以百分数计。

投资机构在使用 DCF 估值法前，首先要对被投公司的现金流做出合理的预测。在评估过程中要综合考虑影响被投公司未来获利能力的各种可能性，客观、公正地对其未来现金流做出较为合理的预测。其次，要经过合理推演选择合适的贴现率。贴现率的选择主要与评估人员对被投公司所处行业和公司未来风险的判断有关。由于被投公司经营的不确定性是客观存在的，因此对其未来收益风险的判断便显得更加重要。当公司未来收益的风险较高时，贴现率也应设定为较高；当未来收益的风险较低时，贴现率也应设定为较低。

$$价值 = \sum_{t=1}^{n} \frac{CF_t}{(1+r)^t}$$

其中：n 为资产的年限；CF_t 为 t 年的现金流量；r 为包含了预计现金流量风险的折现率。

投资家段永平说过，DCF 估值法是认识企业内在价值的重要思维方式，却未必真的要去根据这个模型拼命地做算术题。作为企业家和投资家，段永平对 DCF 估值法的认识十分深刻。他明白，DCF 估值法在稍微改变一个参数后就会引起估值的极大变化，所以 DCF 估值法从另外一个角度而言是给公司自己做参考的，而不是给投资人看的。企业家通过 DCF 估值法来看清虚拟的利润有多少、主要在哪个环节，从而调整公司的战略决策。

还有一些导致 DCF 估值法在某些情况下并不适用的因素：一是对未来可能发生重大重组的被投公司无法适用。重组实施之前的可操作性评估都是正向的，也有可能事与愿违。不管正向还是反向，对业务究竟有多大影响，都会让未来的现金流预测扑朔迷离，大概率不能有效地计算出合理的估值。

二是公司管理层对未来的战略预测很难准确，这会影响 DCF 估值法的准确度。DCF 估值法是对被投公司正常运营所建立的一套模型，但商场如战场，随时都会有机遇和挑战发生。公司的管理层对未来经营的预测，尤其是 5 ~ 7 年的自由现金流预测，然后再出现一个"终止值"（Termina Value），预测结果肯定是不准确的，被投公司的持续经营能力也存在不可预期性。不过该模型的好处就是可以用来进行各种测试，通过测试来观察未来可能的各种变化对被投公司的影响，尽量把对被投公司的估值算出一个大致的范围。

三是贴现率的计算比较困难，导致预期与实际可能会出现较大出入。在计算贴现率的过程中，参数选择时的范围和主观方向都会影响结果，这点比较难掌控。在这类企业预测中不能"拍脑袋"，只能尽力而为。

（2）相对估值法

相对估值法（Relative Valuation）是分别使用市盈率、市净率、市销率、市现率等价格指标，与其同行业竞品公司，一般是上市公司（资料公开易获取）进行对比，根据指标的平均值确定被投公司的估值。相对估值法的基础就是选取的可比公司与被投公司有着相似的主营业务和经营管理现状，否则就会在数据可比性上存在较大差异。

①市盈率（P/E, Price earnings ratio）估值法

市盈率估值法是根据预计被投公司的每股估值和每股盈利的比率，结合被投公司的实际情况，确定被投公司合理的市盈率，然后用被投公司近期盈余计算出被投公司合理的股票价值及公司的价值。计算公式：市盈率 = 每股市价 / 每股盈利。

市盈率分为静态市盈率和动态市盈率。静态市盈率（历史市盈率，Trailing P/E），对应于公司上一个财务年度的利润（或前 12 个月的利润）。动态市盈率（预测市盈率，Forward P/E），对应于公司当前财务年度的利润（或未来 12 个月的利润）。

运用市盈率估值的模型是：目标每股价值 = 可比平均市盈率 × 目标的每股收益。市盈率估值法必须要有可比的上市公司，且资本市场在平均水平上对资产定价是较为公允的。国内投资机构对不同行业和处于不同发展阶段的企业进行评估时，P/E 倍数的预期不太一样，成长性较差的传统企业，可能只有 5 ~ 8 倍，而高速成长的科技型企业可能有 10 ~ 20 倍。

P/E 估值法简单明了地将净利润作为评判标准，直接反映出公司股票价格和公司盈利水平之间的关系，这是很多国有传统 PE 投资机构采用的估值方式。企业为了迎合传统

PE 投资机构，会在财务报表上调整净利润。彼得·林奇说过，如果在周期高峰后去买入低市盈率的周期股票，被证明是一种行之有效的快速致贫"良策"。在一级市场的投资中，对周期性强的公司，如石油化工行业、煤炭行业、钢铁行业、房地产行业和净利润为负的被投公司，同样不适用此估值方法。

②市净率（P/B，Price/Book value）估值法

市净率估值法是指每股股价与每股净资产的比率。市净率 = 市价 / 净资产。股权价值 = 可比平均市净率 × 目标净资产。市净率是投资机构作为规避风险的重要分析指标之一，一般 P/B 值都小于 2，越低越好。P/B 值越低，说明公司越具有抵御风险的能力，越具有长远的投资价值。

因为市净率是累积产生的，通常为正值，因此假设被投公司市盈率为负数，就可以参考使用市净率估值方法。如果被投公司的净资产收益率持续保持良好，在未来业务前景可期的情况下，P/B 值低于 1 就有可能是被低估的；反过来说，虽然被投公司的盈利可期，但也不会直线上涨，被投公司的 P/B 值明显高于同行业或自身历史最高水平，这时候投资就需要谨慎了。

不过，像通货膨胀、资产规模发生变化、技术发生重大变化、企业无形资产无法准确评估等因素，都会影响 P/B 估值法的准确率，可能会误导投资机构的判断。账面价值的重置成本变动较快的公司不适用于 P/B 估值法；固定资产较少

的，轻资产运营的，商誉或无形资产较多的软件服务行业、互联网企业和强周期的行业也很难适用 P/B 估值法，因为轻资产的行业 P/B 可能无限大。

③市销率（PS，Price-to-Sales）估值法

PS 是"成长股投资之父"菲利普·费雪在 20 世纪 50 年代后期提出的指标。他阐述了该指标尤其适用于成长型被投公司的估值，可以判断出同行业企业中谁更具有投资价值。市销率估值法是市值和销售收入的比值：市销率 = 总市值 / 销售额。关键输入变量主要是销售收入。一般来说，销售收入最稳定，发生的波动性小，并且销售收入不受公司折旧、存货、非经常性损益的影响，不像净利润那样易操控。被投公司销售收入会随着发展不断扩大而不是缩小，企业价值也就跟着同步上升。市销率估值法的缺点是无法反映被投公司的成本控制能力，即使成本上升、利润下降，只要不影响销售收入，市销率也会依然保持不变。

此外，市销率必须是与同行业企业对比才有意义。在行业内，市销率越低，说明该企业股票目前的投资价值越大。如果企业市销率很低，但是主营业务没有核心竞争力，而主要依靠非经营性损益来增加利润，也较难受到投资机构青睐。这也表明，市销率估值法不仅有助于考察企业收益基础的稳定性和可靠性，还能有效把握其收益的质量水平。不过，在测算总销售额时，投资机构需要重点关注与关联公司之间的销售收入，测算估值时需要拆解开来看，因为

交易的额度和公允性会影响估值判断。受成本波动影响较大的行业、业绩波动较大的企业，不宜适用市销率估值法。市销率估值法可以和市盈率估值法形成良好的参照搭配。

④ PEG 估值法

PEG 被美国投行家彼得·林奇奉为圭臬。PEG 指标是预期市盈率，公式是用公司的市盈率（P/E）除以公司盈利增长率（公司未来三到五年的每股收益复合增长率 × 100），即市盈率相对盈利增长比率，由上市公司的市盈率除以盈利增长率得到的数值。

PEG 估值法将被投公司当前的估值和未来三到五年成长后的估值联系起来，当被投公司估值合理时，PEG 值等于 1；当 PEG 值小于或等于 1 时，投资进入后有成长的空间；当 PEG 值大于 1 时，这只股票的价值就可能被高估，或者投资机构认为这家公司的业绩成长性会高于市场的预期。彼得·林奇曾经指出，最理想的投资对象，其 PEG 值应该低于 0.5。

事实上，PEG 值并非越小越好，越大越坏。计算 PEG 时所用的增长率是过去三年被投公司的平均指标，过去并不代表未来，决定被投公司潜力的应该是未来的增长率。PEG 值小于 1 的公司中，可能包含归属于业绩并不稳定的周期性行业的公司。

⑤ EV/EBITDA 估值法

又称企业价值倍数估值法，其中 EV= 市值 + 总负债 −

总现金＝市值＋净负债；EBITDA=EBIT+折旧费用＋摊销费用。其中，EBIT=经营利润＋投资收益＋营业外收入－营业外支出＋以前年度损益调整＝净利润＋所得税＋利息。

EV/EBITDA是单一的年度指标，反映了投资资本的市场价值和未来一年被投公司收益间的比例关系。被投公司的EV/EBITDA倍数测算后，如果比行业平均水平或历史平均水平高，通常说明该公司被高估，较低则说明该公司被低估。不同行业或板块有不同的估值（倍数）水平。EV/EBITDA估值法需要对债权的价值及长期投资的价值进行单独估算，另外还要考虑到可比公司税收政策的差异，比如高新技术企业按照15%的税率进行征收，有些非高新技术企业就享受不到这样的优惠，这会产生误差。

EV/EBITDA估值法不太适用于资本密集、准垄断的金融行业，电气设备、机械设备及传媒行业，或者具有巨额商誉的奢侈品牌消费品行业公司（大量折旧摊销压低了账面利润），对初创期或成长期净利润亏损以及毛利、营业利益均亏损的公司和有高负债或者大量现金的公司也不适用。

总之，无论是使用绝对估值法还是相对估值法，形形色色的指标让人眼花缭乱，其实各有利弊。因此，投资机构一般都会用相对估值法结合绝对估值法对企业的未来进行估值，由此推算出资金的投入产出，尽量使预测能够合理，减少误差，以使投资收益最大化。

在诸多行业领先优势和可投因素都合格的情况下，最费心神的就是投资的估值价格了。下面通过一个案例来简要说明。

　　某被投公司的定位是大宗商品生态服务平台，其商业模式为轻资产，鉴于其在当年处于亏损状态，不适用 P/B 及 P/E 估值法，故决定采取 PS-P/GMV（估值／平台交易量）、DCF 两种估值方法。可比公司方面，项目组选择了业务最具可比性且市场份额前三中的另外两家企业。

　　基于相对估值法，同时给予被投公司 30% 的流动性折价，被投公司的估值区间在 145 亿～150 亿元。

　　绝对估值法：DCF。基于审慎的态度及对于行业的判断，对被投公司给出的财务预测数据进行了折扣调整，预测在退出时点的 2023 年，被投公司营业收入 119.20 亿元，仅为被投公司预测值的 49%（管理层预测营业收入为 245.60 亿元），净利润约为 14.77 亿元，仅为被投公司预测值的 58%（管理层预测净利润为 25.63 亿元）。

　　经敏感性分析，测算被投公司估值大概率落在 90 亿～115 亿元区间。

　　估值方法的综合运用在价格谈判和开内部立项会时都是必需的步骤。被投公司的经营管理层对自己企业的发展基本都持乐观预计。之所以如此，一方面不排除是对自己企业和职业的热爱，另一方面也是把未来预期做好看一些，

以便 在谈判时拥有更多筹码。

2. 估值方法适用于不同行业

DCF 估值法比较适用于商业模式和运营已经处于成熟期的企业，例如现金流比较稳定、业绩波动不大以及可以预期的公用事业、电信行业、消费行业或医药行业。这是因为，对被投公司未来的现金流值预测在 DCF 估值法中最为重要，未来的现金流影响了整个公式的结果，所以对现金流的稳定性和可预期性都要求很高。

P/E 估值法几乎适用于现在 PE 类投资机构考察的所有成熟期行业，计算方法无非是在净利润上乘以倍数。P/E 估值法特别适用于盈利相对稳定、周期性较弱的行业，如公用事业、建筑建材、商业贸易、信息服务等行业里有稳定利润的被投公司。

P/B 估值法适用于无形资产对其收入、现金流量和价值创造起关键作用的行业，例如银行、保险等金融行业。金融行业主要是持有大量的流动资产，银行看信贷资产质量，每股净资产可以作为比较靠谱的衡量指标。此外还有固定资产较多且账面价值相对较为稳定的行业，公用事业、航空行业、航运行业、化工行业、钢铁行业、食品行业、道路运输业、环保工程等收益稳定却低速增长的、周期性较弱的行业也都是适用的。

PS 估值法理论上适用于全部行业。在现实中，适用于处于所谓战略性亏损阶段的互联网公司、软件服务公司等未来收入可能会出现几何倍数增长的公司。不管这类公司处于哪个发展阶段，即使净利润为负也可以用。销售成本率较低的服务类企业，或者销售成本率趋同的传统行业企业，受成本波动较小的商业零售行业也比较适用 PS 估值法。此外，周期性比较强的公司，即使利润较少，甚至是负数，也可以用 PS 估值法来预估公司在良好周期来临时所能实现的净利率，也就能算出未来的 P/E 值。如果企业存续期足够长且销售稳定增长，就可以采用前一轮周期的平均净利率，或者中等景气周期的净利润率来计算。

PEG 估值法适用于 TMT（Technology、Media、Telecom，即科技、传媒、通信）、生物医药、网络软件开发等能够迅速成长的长期爆发性企业。如果企业业绩能够呈几何级数增长，投资机构用 PEG 估值法来估算投资回报率是比较有效的。PEG 估值法对稳定且能维持高增长的精细化工、有色金属、机械设备、轻工制造等行业来说也适用。

EV/EBITDA 估值法适用于高度充分竞争、商誉不高、净利润亏损，但毛利、营业利益并不亏损的行业，例如制造业，以及航空业、石油化工行业、航运业等。不过只有在同行业企业属于同样发展前景的情况下使用 PEG 估值法才更为准确，所以也需要对相应的指标做必要的调整后，估值对投资机构才更具参考价值。现在新基建中的 IDC（互联网数据中心）公司这种重资产的行业，也很适用 EV/EBITDA 估值法。

在传统PE投资机构看来，很多拟上市科创板的企业是无法通过内部风控审核的。大多数此类企业的收入都很低，甚至没有收入，利润就更为稀少。

针对这类企业，投资机构对P/E估值法是异常钟爱的，容错机制和体制的原因使这种投资风格几乎不会有转变的可能性。无论什么行业的企业，都要对标上市公司按照P/E来估值。现在中国内地上市比较困难的文化教育和餐饮企业，如果对港股投资不排斥的话，是可以融资的。

"股神"巴菲特对相对估值法持怀疑态度很多年。相对估值法在互联网高科技公司的应用广泛，国外投行认为EV/EBITDA估值法对处于成长期的互联网公司非常适用，觉得这是最能体现公司创造利润和现金的测算方法，不受企业资本结构的干扰，也不受折旧会计准则处理的干扰。巴菲特却认为："在对企业的估值逻辑里，一般的评估标准，诸如股利收益率、P/E、P/B或成长性方法，其实与企业本身的价值评估毫不相关，除非这类估值方法能在确定性强的情况下提供这家企业未来现金流入或流出的证据。事实上，如果一个项目前期投入超过了项目建成后其资产产生的现金流量的折现值，该项目的成长速度反而会降低，甚至会损害企业的价值。有些股票分析师口口声声将'成长型'和'价值型'列为两种截然相反的投资风格，只能说明他们的无知，绝不是什么真知灼见。成长性只是价值评估的因素之一，虽然一般是正面因素，但很多时候也不排除是负面因素。"正因如此，巴菲特错过了很多依托此类估值方法变成超级独角兽的互联网科技公司。在 2019 年 5 月的公司股东大会上，巴菲特自己也承认，当年拒绝投资亚马逊和谷歌是错误的决定。

巴菲特也认为 EV 仅仅是市场公认的企业的业务价值，并不是一家企业真实的内在价值。在相对估值法里，巴菲特尤其不欣赏 EV/EBITDA 估值法，他认为 EBITDA "是一种危害特别巨大的东西"。他的老搭档芒格最早也称 EBITDA 是 "狗屁利润"，这是因为折旧本身就是 "非现金形式" 的费用，应该将这部分费用踢出盈利评价标准。

曾几何时，美国的互联网科技股泡沫破灭仿佛也印证了巴菲特的言论，价值投资理念获得了胜利。不过，后来亚马逊、谷歌等万亿美元级别市值上市公司的迅速崛起，又为 EV/EBITDA 估值法正了名。在亚马逊、谷歌等互联网公司上市前后的一段时间，它们依然得不到巴菲特的青睐，在钟情于绝对估值法、要求确定性较强的巴菲特看来，科技股的泡沫效应依然在闪现，并且时不时就会爆发，毕竟科技股公司的亏损已成为常态。

转折点出现在 2018 年，亚马逊 2018 年的 EBITDA 率为 12.04%，折旧摊销占资本支出比例达到 135.48%，营业利润占负债合计比例为 10.43%。EBITDA 的升高是因为亚马逊 2016 年前后开展了并购，由此产生的商誉和折旧摊销是其重要因素。2019 年 5 月开始，伯克希尔·哈撒韦公司没有再犹豫，开始在亚马逊 95 倍市盈率的时候买入亚马逊的股票。这次，巴菲特看懂了，对新的估值方法的认可是一个方面的原因，更重要的应该是经过长期观察，亚马逊本身的发展印证了其长期价值投资理念。

（四）投资的风口在哪里？

"大风起兮云飞扬""风口上的猪也能飞起来"，所言不虚。在猪的眼里，钱是大风刮来的；在风的眼里，钱是为了"组建"更大的风把越发肥胖的猪抬到市场上卖个更好的价钱。资本的嗅觉是最灵敏的，顺势而为才能找到真正的风口。否则风刮来刮去，钱总也落不了地，人们也就无法将钱捡起来装进兜里，甚至猪还会被摔死，变成死猪，那就真的不怕开水烫了、更不值钱了。用最快的钱买最好的饲料喂给最肥的猪，再用最快的刀割最棒的肉，投管退一条龙服务，是称职的资本最应该做的。

1. 投资人最看重的产业之——新能源汽车产业

石油储能不足、全球变暖日益严重、环境污染的大背景促进了新能源汽车的快速发展。加之新能源领域的核心技术不断升级，更加轻量化、电气化的新能源汽车取代传统燃油车的趋势已经越来越明朗，不仅其销售额逐年高速攀升，一些国家和地区也已经确定了禁售燃油车的期限（如表 1-1

所示）。

表 1-1　禁售燃油车时间表

荷兰、挪威	2025 年后实现新车零排放
西班牙	2040 年起禁售汽油、柴油和混动汽车
英国、法国	2040 年后停止销售柴油及汽油车
德国、印度、美国加州	2030 年后停止销售柴油及汽油车

自 2015 年以来，中国支持新能源汽车的态度逐步明朗，国家明确了产业发展战略，通过财政部、工信部、国家发展和改革委员会（以下简称"国家发改委"）等各大部委陆续发布了重要的政策指导，旨在培养核心的新能源汽车产业链企业，尤其是培养一批拥有规模效应、具有自主知识产权及技术优势的国际化动力电池企业。国家坚定支持行业内成规模、有竞争力的企业，通过补贴、税收优惠等政策引导该产业迅速发展。

与此同时，政府总结并吸取了先前光伏等行业的失败教训，主动有序地搭建新能源产业链的良性商业环境。例如通过补贴引导行业起飞；通过降低税费、增加牌照供应、加快充电桩建设等措施，持续提高新能源汽车使用便利性和市场容量；通过设置产能的高门槛、制定严苛的技术标准等形式限制产能盲目扩张；通过控制碳排放、施行积分制等手段达成政府财政与整车厂的利益均衡，借此更有效地支持新能源汽车行业的发展。

新能源汽车的核心零部件——新能源电池的发展，与光伏也有很大区别，其中之一就是动力电池行业必须为整车生产提供更高质量且一致性、安全性、能量密度高的产品。而光伏行业两头在外（原料和销售都在国外）、争吵多年的"双反"（反倾销和反补贴调查）、欧洲国家补贴退出等，都对其造成了巨大的负面影响。新能源汽车行业不会走光伏行业的老路。优质生产厂商会逐渐掌控有利的市场地位，由盲目扩张、恶性竞争转向合理竞争、共生共赢的局面，不会像光伏行业一样，经历长时间的整体低谷状态。

在国家发改委制定发布的九大战略性新兴产业中，新能源汽车更被单独列为一项，有如此之大的政策支持力度，未来中国有望成为世界范围内最具规模、最具竞争优势的电动汽车市场。整个产业的扶持力度如此之大，更加坚定了数以千亿计的资本涌入这个行业的决心。从就业层面而言，也能让很多汽车系、电子系毕业的学生多一个就业选项，或者是将来以此作为知识背景，成为复合型的专业人才，比如可以选择进入投资行业成为投资经理，而不是一定要进入汽车厂工作。

事实上，新能源汽车理应成为中国汽车企业在汽车产业弯道超车的必选项。因为汽车发动机、变速器等核心部件的专利一直以来都被国外垄断，中国还有很多汽车零配件细节部分的技术被掣肘。汽车工业在老牌资本主义国家发展的时间长，先发优势十分明显。而中国作为全球最大的汽车市场，国内的第二大支柱产业的汽车工业所面临的尴尬不言自明。国外厂商携专利技术之威使中外合资汽车企业遍地开花。拥有自主知识产权的国内汽车厂商则只能苟延残喘，活在全球汽车产业巨头的阴影下，还要不断地交专利使用费。例如，日本丰田一直在研究混动汽车和氢能源汽车，并想方设法试图将多年投入研发的费用从中国市场找补回来。

现如今，中国各大汽车企业已经把新能源自主研发技术应用到汽车产业中，并且将"三电"——电池、电机、电源控制系统发展到一个崭新的高度，在知识产权上将全球的汽车厂商甩到了身后。在国家级基金深度广泛介入包括新能源汽车整车、电池、正负极材料、锂矿、钴矿等在内的全产业链后，资本对产业路径选择的推动性作用真正地显现出来。地方政府也在经历过造车新势力的昙花一现后，开始冷静地寻找真正有技术实力的新能源汽车企业及产业链企业。

不同的行业皆诞生于不同的学科，选择产品路线是根据不同学科的研究路径确认的。以新能源电池为例，选择三元锂还是磷酸铁锂作为未来新能源汽车企业主要应用的电池，就在业界产生过非常激烈的讨论。比亚迪股份有限公司（以下简称"比亚迪"）选择了磷酸铁锂为突破口，为自己的汽车产业保驾护航；宁德时代和孚能科技等则选择了三元锂，并且已应用到大批主流车厂的新能源汽车上。

直至今日,也没有谁能断言哪一个就是未来的正确方向。根据电池的特性,目前普遍情况下,大巴车等公共交通工具上用的是安全性更强的磷酸铁锂电池,乘用车则更多使用三元锂电池。

从环保的角度而言,很多专家不把锂电池的新能源企业视为清洁能源企业,因为电池的回收是环境污染面临的重大问题,这就又衍生出了一个新的行业方向——氢能源汽车。在广东云浮、江苏如皋等地,某些企业对氢能源车下了"大力气",产业园和配套基金,包括当地公共交通工具的政府采购订单,都在为氢能源汽车赋能,这也为一批科学家提供了做实业的土壤。

在新能源电池汽车勇往直前,氢能源汽车迎头赶上的大形势下,特斯拉的市值已经成为全球最高市值的汽车企业,蔚来汽车、理想汽车和小鹏汽车也分别登陆纳斯达克等国外资本市场并且被认可。

随着中国科创板等资本市场对新能源汽车的定位由传统产业变成了高科技企业,一些新能源汽车行业的独角兽企业很有可能在科创板争得一席之地。在这样的大环境下,资本能够迅速变现,企业也能够不断获得资金支持,并且在自己选择的路线上开展新的研发工作,从而提供更先进的生产技术支持。每一条路径都有资本愿意试错,每一次试错都可能成为未来新能源汽车行业发展的有益补充,如此这般,庞大的产业就不会再降温。

正因为汽车产业在国民经济中的重要性，对各地就业、税收、GDP（国内生产总值）的增长都有立竿见影的效果，因此除了给土地、建厂房、给政策之外，一些地方政府的直投基金也热情地参与到初现成果的整车产业里面，比如合肥对蔚来汽车的巨额投资便可见一斑。

世界各国面对巨大的中国市场都无法置之不理，老牌汽车企业如奔驰、宝马等都开始下功夫投入到新能源锂电池汽车的研发中，大量采用宁德时代等国内领先电池厂的产品。反观已经登陆 A 股的宁德时代概念股，已经超过 2 万亿元的规模，而宁德时代本身的市值也逼近万亿元，龙头企业的表现激活了整个行业的资本市场表现。科创板也对北京亿华通科技股份有限公司等氢能相关企业敞开了怀抱，虽然目前其业务利润还主要来源于国内政策的补助，并未能形成规模化的效应，但由于汽车是大众除了房子之外最大的消费品，汽车企业很容易就能把营业收入做上去，如果再加上政府补贴，发展速度则会更迅速。

笔者通过以下案例来解析一下新能源汽车产业的特点。

某新能源电池企业作为独立动力电池提供商，是一家独角兽公司，既属于战略新兴行业，又有足够强的技术壁垒。投资机构关注的重点就放到了研发和销售层面，因为已经对新能源行业的市场容量做了很详细的分析，市场容量也足够大。

我们从该企业的管理团队、股权结构、客户质量、业绩增长等投资机构在意的方面来做分析，看一下新能源汽车行业与其他行业的共通点。

一是管理团队拥有十多年消费类锂电池的技术积累，构成了独特的优势和竞争力。多年专注的行业积累，使公司对动力电池行业的发展有更为准确的判断，能够精准地进行战略布局，在竞争中处于领先地位。

二是研发团队规模非常大，也处于行业领先位置。作为国家"十二五"和"十三五"创新工程动力电池企业，主导或参与多项国内、国际行业标准的起草，均获得了国家、行业的认可。在巨大的新能源汽车动力电池市场面前，对用技术实力说话的公司来说，是一个"良币驱逐劣币"的机会。

该公司所属行业是制造业和电化学双领域的交叉行业，对工艺、化学组合的要求极高，需要较专业的知识和经验的积累。从某种程度上说，公司的核心研发能力类似于药品研发公司，需要在已知的两千万种化合物中不断尝试各种组合，以找出性能和安全性平衡的组合，在不断的尝试中逐渐改进配方及产品的功能。在这方面，公司的材料、极片、电芯、模组、电池包均建立了系统的仿真工程方法，通过创新性的大规模运算能够快速地筛选出可能的组合，公司会在此基础上进行大量的测试以验证组合的可行性。此类基础化学的研发能力确保了公司的技术能力领先于同行。

除了仿真工程方法外，公司核心研发能力还包括高能量密度、高功率密度、长寿命、快速充电等。其中，公司的快速充电技术处于市场领先位置，对整车厂而言具有很强的吸引力。

在研发之外，该公司还建立起了一支生产设计研发团队，负责研发生产线和设备的组合。这类研发能力在一定程度上确保了公司生产线的成本竞争力。

公司拥有系统及完整的测试验证能力，包括矩阵电池寿命加速预测技术、快速的材料选择判断技术、电化动力学材料品质控制技术、电池系统的完整测试及验证能力。

三是国家政策支持。该公司股权结构为全中资，主要产业链和终端均在国内，故获得了国内政策的大力支持。不过随着新能源车辆越来越多，在 2020 年 3 月末国务院常务会议确立新能源汽车补贴延长 2 年后，2020 年 4 月 23 日，财政部、工信部、科技部和发改委公布了《关于完善新能源汽车推广应用财政补贴政策的通知》，提出将新能源汽车推广应用财政补贴政策实施期限延长至 2022 年底，以平缓补贴退坡力度和节奏。原则上 2020—2022 年补贴标准分别在上一年基础上退坡 10%、20%、30%。一种新技术的产品应用需要国家力量的引导和支持，但是当产品已经趋于成熟，吸引了大量社会资本关注时，国家政策的作用要更多地向市场化让步。

四是客户群体优质稳定。在国内锂电池生产商中，该公司是少有的、能进入外资乘用车整车厂一类供应商名单的企业。

五是在成本控制方面，目前各大小厂商都在加速动力锂电池的产能建设，可能会导致行业产能过剩，最终演变成价格压力。新能源汽车整车厂普遍视成本为次要考虑因素，最主要的因素是安全性、一致性、续航能力、是否能通过实验室测试等。根据最新的补贴政策退坡的影响，预计每年会要求电池系统厂商降价 5% ~ 10%，这样投资时就要对企业做额外的价格压力测试。从财务预测可以看出，在压力测试下，投资机构的收益率将受到影响，但影响不会很大，因为按照公司战略规划和预测，2020—2022 年公司净利润将保持在每年 25% ~ 61% 的高速增长。

机遇不等人，并不代表没有风险。新能源电池演化速度较快，从铅酸电池到磷酸铁锂电池再到三元锂电池，未来不可预期的颠覆性科技和产业化可能会造成该公司的前期投资大幅度贬值，这种风险不可预估。

但该公司大规模的研发投入有效地降低了科技落后于人的风险，且公司长期与各大研究院、高校、电池生产企业保持密切的沟通，时时关注最新科技成果，企业保持竞争优势是可期的。根据对公司管理层的访谈，公司研究团队庞大精良，除了三元锂电池和磷酸铁锂电池的研究团队，还组织了专门的项目组研究燃料电池、固态电池、石墨烯电池等前沿科技，储备了一批科研人才。

据参与访谈的行业专家说，电池行业涉及制造业和电化学行业，新事物从实验室到量化生产需要经过长时间的调试和测试，因此公司都是靠体系、配方、流程，通过时间的沉淀来增强竞争力。按现在的研究结果来看，锂电池行业不存在短期内突发巨大理论创新的可能性。即使在锂电池行业外发生了重大的理论创新，从该公司各方面储备的角度而言，存在被瞬时颠覆的可能性也不大。

2. 投资人最看重的产业之二——半导体产业

"半导体产业"是近几年被投资机构提及最多的名词，在此，先给大家科普一下芯片与半导体的区别，因为这两个词很容易被大家混淆。

我们可以将半导体细分为四个领域，分别是集成电路、光电子元件、分离器及传感器。在半导体领域中，集成电路拥有最大的市场，芯片就是由各种集成电路组成的，占据了半导体领域 80% 左右的市场。根据清科研究中心数据，截至 2019 年底，我国股权投资市场整体退出 IRR（Internal Rate of Return，内部收益率）中位数达到 23.2%。按照不同行业的退出收益来看，半导体领域退出 IRR 为 29.6%，高于市场整体水平。

IC（Integrated Circuit，集成电路）制造属于资产和技术密集型产业，国内现有集成电路产能主要由两部分构成：境内晶圆代工厂和境外厂商在国内设代工厂。前者主要有中芯国际集成电路制造有限公司、上海华虹宏力半导体制造有限公司和武汉新芯集成电路制造有限公司，后者有英特尔、三星和中国台湾联华电子股份有限公司分别在各地设立的代工厂。

中美贸易战开始之后，半导体行业的集成电路首当其冲。以芯片设计为主的华为海思半导体有限公司，在美国修改了相关的半导体管理办法之后，已经宣布华为麒麟芯片面临绝版危机，国内各军工电子和消费电子产品都不同程度地受到了威胁和冲击。其实不只是中国大陆，就连中国台湾积体电路制造股份有限公司（台积电）也受到了连累，并被要求断供华为。这是因为其制造工艺里面，使用了不少美国的专利技术，所以受到美国半导体管理办法的制约。在其14纳米芯片的代工技术中，美国专利技术占比25%左右，7纳米芯片为15%，5纳米芯片仅为9%，即使比例在不断缩小，目前也做不到完全把美国技术摒弃掉。客观地说，国内芯片的各方面能力都弱于全球半导体市场龙头。

过去几十年，国家曾经给诸多科研院所以课题的名义发放了数以千亿元计的科研费用，但产学研结合并不尽如人意，所以"技术用时方恨少"，造成现如今半导体产业复兴之时，科研并没有起到应有作用的局面。

除了科研院所的成果转化不给力的原因之外，类似华为这样重视研发的中国企业少得可怜是另一原因。幸运的是，终于有有识之士把传说中的"大基金"提上了日程。

2014 年 9 月，国家集成电路产业投资基金成立。基金采用公司制形式，由财政部和国开金融有限公司、中国烟草总公司、北京亦庄国际投资发展有限公司、中国移动通信集团有限公司（以下简称"中国移动"）、上海国盛（集团）有限公司、中国电子科技集团有限公司、北京紫光通信科技集团有限公司、华芯投资管理有限责任公司发起，规模为987.20 亿元，并由华芯投资管理有限责任公司来管理。

重点投资方向是集成电路芯片制造业，兼顾芯片设计、封装测试、设备和材料等产业，实施市场化运作、专业化管理。该基金的设立为中国的市场化芯片设计、制造、封测企业提供了充足的弹药。鉴于市场化运作的大基金投资过的企业在一级和二级市场都被资本追捧和抬高估值，国家集成电路产业投资基金一期赚得盆满钵满。

2019 年 7 月，国家集成电路产业投资基金第二期宣布已募集完成，规模达到 2041.50 亿元。基金二期得到包括财政部、中国烟草、中国移动、中国联合网络通信有限公司（以下简称"中国联通"）、中国电信集团公司（以下简称"中国电信"）及国家集成电路产业投资基金股份有限公司等多方资金的支持。股东出资方面，财政部出资 225 亿元，占比 11.02%，中国烟草认缴 150 亿元，三大电信运营商合计认缴 125 亿元。

国家级别基金的投入带动了社会资本的聚集效应，半导体行业本身就是一个极度烧钱的资金密集型行业，国内的半导体企业积贫积弱，需要从历史发展进程中参考国际半导体行业发展走过的路，这样才能在资本市场上国产替代方兴未艾的时候，看到巨大的资本收益。

从全球市场来看，三星半导体在全球量产芯片的市场占有率长期位居世界前两位，在销售收入及营业利润两个指标上也是芯片产业的龙头。但是，三星半导体的成长并非一蹴而就。作为韩国最大的财阀，三星在大消费和科技领域等许多领域长期处在龙头甚至垄断地位，因此能够从规模化盈利的其他领域挤出大体量的资金投入到半导体研发方面近五十年，才有了今天在业界的地位，这对国内半导体行业的发展极具借鉴意义。

影响电子科技性能的核心在于芯片，作为高度资本密集型和技术密集型产业的代表，我们单把芯片拿出来分析一下。现在国内掀起全民投资做芯片的热潮，华为、格力、海澜之家等都宣布投入资金研发芯片。科创板也放宽了对未盈利的芯片企业上市的限制，鼓励利用二级市场再融资的形式，聚集一批资金投入到国家最需要的芯片产业中去。

在国家和民间资本的力量都攒足了劲儿要把芯片业作为全力突围的方向时，投资机构选择标的企业需要更加谨慎，最好把以下两个因素列为关注的重点：

一是企业高层和团队有没有足够的专业素养。无论原来就是芯片的设计、生产、加工、使用的企业，还是从未涉足过半导体芯片领域的"门外汉"，企业领导对半导体芯片本身的理解认知度至关重要。因为这决定了是外行领导内行，还是内行领导内行。如果只是高层领导层一时头脑发热产生的想法，那么，对投入芯片行业的节奏、资金量、人才储备都会与预期相背离。如果一切从零做起，人才团队重新招聘，企业家可能会不断被"冷冷的冰雨在脸上胡乱地拍"，直到被拍醒，甚至会打退堂鼓。

二是企业有没有持续投入的资金和决心。多年以来，三星集团的手机、电视、固态硬盘等电子消费产品在全球范围内的销售额不断上升，这为三星继续在芯片产业进行投入提供了重要的资金保障，其资金来源并非国家和社会风险投资（以下简称"风投"）机构的投资。如果企业本身实力不够强，又得不到持久的资金投入，高层又没有足够的毅力和决心，这样的企业基本在创立之初就可以被判定为项目"死刑缓期执行"。

半导体这个行业需要内生力量，才能够长时间地积累经验和吸引资金投入。而从外部来说，还要突破西方国家对国内的技术封锁，曲线拿到相关被禁售产品的企业授权。在没有被西方国家限制打压的前提下，当国外公司具备先进的技术且有意向出让控股权时，众多国内投资机构或上市公司都会伸出橄榄枝。尤其对上市公司而言，不但可以减少研发成本直接得到先进技术，而且能够提升股价，有利于再融资。

以下是一个可行性较强的方案，笔者以此为例进行相关说明。

　　某半导体科技公司是一家制造探针卡设备以及为半导体和电子制造业提供分销及服务解决方案的供应商。公司总部在海外，已经在海外上市，在全球多个国家如中国、日本、马来西亚、泰国、美国和越南等设有生产、研发和销售中心。探针卡设备主要是将探针卡上的探针与芯片接触，引出芯片讯号，再配合周边测试仪器与软件控制达到自动化量测的目的。

　　探针卡应用在集成电路尚未封装前，针对裸晶系以探针做功能测试，筛选出不良品，再进行之后的封装工程。因此，探针卡是集成电路制造中对制造成本影响非常大的重要制程之一。

　　该公司多元化的探针卡产品线适合应用于广泛的集成电路测试。分销及服务业务方面，公司主要分销用于半导体制造、测试与检验，以及质量与可靠性测试的专用设备，并提供这些设备的增值工程外包服务。此外，其分销产品线还包括洁净室、医疗和实验室耗材、特种化学品和气体，以及提供材料处理和存储搁架等服务。

　　根据美国半导体产业调查公司 VLSI Research 2016 年 6 月的预测，未来五年内探针卡公司所涉及的非记忆探针卡市场上，所有种类探针卡销售额都将有所增长。微电子机械系统探针卡增长速度最快，可达到年复合增长率 10%，并将在

2021年成长为最大非记忆探针卡市场组成部分；垂直探针卡预计年复合增长率为4.7%，将产生3.19亿美元收益；悬臂梁探针卡预计增长4.4%，收入2.5亿美元。整个探针卡市场包括服务和支持产业的市场容量约为20亿美元，虽然市场容量不大，但是会在半导体行业中切实地影响制造成本。

经过分析、归纳、总结，某半导体科技公司可投资亮点包括以下几点：一是市值偏低，处于价值洼地。公司在海外资本市场上市的股票市值明显低于A股同行业水平，这主要是因为国外交易所本身流动性偏低，导致股票估值普遍性偏低。二是该公司产业链自成体系。公司拥有设计、研发和生产探针卡产品组合的垂直整合能力，使其能够开发具有创新性和成本效益的实用解决方案。三是市场潜力巨大。中国市场是未来几年设备销售的主要目的地，增长速度领先全世界。公司生产的设备和中国半导体企业互补性强。四是收购几乎不会受到阻力。公司属于上市公司，在美国和欧洲几乎没有业务，也就是说，原则上本次收购不需要经过欧洲各国和美国的反垄断审查，大大降低了交易风险。五是财务规范性强，利润可观。虽然市场容量不大，但是行业比较稳定，如果中国国内半导体国产替代产品成为风潮，就会是一项较好的财务投资。六是公司最大股东持股超过60%，项目执行过程中无需多方向谈判，确定性大，环节少，时间成本低。

针对此类公司的海外并购，也会面临一些与其他海外并购一样的风险：一是技术被替代的风险。探针卡目前是一种很重要的测试设备，但是市场上是否存在其他可替代的设备或工艺不得而知。二是资产收购造成的核心高管流失的风险。本项目是资产收购的方式，留一个国外的壳公司。要考虑到失去了上市公司这个平台，管理层就失去了股份激励的机制，可能会存在核心管理层人员流失的风险。三是绑定销售半导体设备分销业务的风险。分销业务收入有所下滑，利润率较低，很可能会被绑定一并出售。四是探针卡所在市场容量的风险。探针卡设备属于关键但占成本较低的设备，目前全世界市场规模仅为 20 亿美元，而且不会大幅增长，从理论上说指望该公司成为一家百亿市值的公司是不现实的。

不过，科创板对半导体企业的偏爱也可能会有超过预期的收获，这也是投资者平衡风险偏好和获利偏好之间的抉择。

3. 投资人最看重的产业之三——医疗健康产业

随着中国人口老龄化进程的日益加剧，在城镇化及基本医疗保障制度改革等因素的驱动下，医疗健康领域的市场规模迅速扩容。与此同时，居民收入水平的提升也将拉动我国医疗健康市场的需求，这些无疑会为投资市场上的广大投资者提供新的机遇。

根据国家统计局数据，中国老龄人口占总人口的比率逐年提高，从 2004 年的 7.6% 上升到 2019 年的 12.6%，也即至 2019 年底，65 周岁及以上人口已达 17603 万人。联合国的老龄化标准是指，一个地区 60 岁以上老人达到总人口的 10%，或 65 岁以上老人占总人口的 7%，该地区即被视为进入"老龄化社会"；65 岁以上人口占总人口的比例超过 14%，则进入"深度老龄化社会"；比例达 20%，则进入"超老龄社会"。

老年人疾病发病率高，医治疗程长且常伴有并发症，老年人也多患有慢性疾病，需要长期护理和用药，因此人口老龄化将刺激医疗健康市场的庞大需求。此外，中国城镇人均可支配收入不断提升，城镇居民恩格尔系数持续下降，日益提升的物质生活水平将刺激医药行业的市场需求。

2001 年至 2019 年，中国医疗健康领域经历了高速发展阶段。2019 年，全国卫生总费用达 65195.9 亿元，2001 年以来年复合增长率超过 16%；卫生总费用占 GDP 的比例逐年提高，2019 年卫生总费用占 GDP 比重为 6.6%，为历史最高点。赛迪顾问股份有限公司研究报告显示，2020 年我国医疗健康产业总规模将超过 8 万亿元。

在医疗健康行业中，医药制造企业最受投资者青睐，也最容易发生并购事件。

持续医疗改革方案强调改善制药过程的质量及效率，医药制造商必须遵守更加严苛的监管要求，如 GMP（Good Manufacturing Practices，生产质量管理规范）认证、仿制药质量和疗效一致性评价及环境保护等方面的要求。

此外，在医疗改革中，推出了多项有利于患者的举措，如省级层面基本药物的集中采购及分销，虽然此举可能导致生产有关药物的制药企业，尤其是小型制药企业利润下降。

严格的监管要求及举措会极大增加合规成本，并给众多中小型制药商造成财务困难，倒逼中小型医药制造和流通企业为降低成本，保持竞争力而通过整合来寻求更大的规模效益。

同时，大型制药商凭借自身的财务实力及严格的质量控制，确保稳定供应各种优质且具价格竞争力的药物。大型制药商也会为满足获取新技术、客户、地域市场及降低成本的要求，寻求资源整合，以获取规模效益及在中国制药市场的地位。

2017 年 1 月 9 日，国务院深化医药卫生体制改革领导小组办公室正式发布《关于在公立医疗机构药品采购中推行"两票制"的实施意见（试行）》。"两票制"指的是生产企业到流通企业开一次发票，流通企业到医疗机构开一次发票。此项举措的实施，基本上挤压掉了挂靠走票的中小型经销商的生存空间。医药行业分析人员普遍认为，未来医药流通行业集中度将进一步提升，区域性中小型医药流通企业将逐渐退出历史舞台，大型医药流通龙头对中小型医药企业的并购整合将出现难得的历史机遇。

医药产业涵盖医药研发、生产及流通等多个领域，且与设备仪器制造、生命科学、互联网行业等存在众多交叉分支，其中蕴含较多的投资机会。

　　根据 Wind（万得信息技术股份有限公司，中文简称"万得"，是金融数据和分析工具服务商）数据显示，医药行业在中国境内获得资本的关注度一直较高，行业资本运作事件的活跃度在过去五年中均处于高位。

　　从投资角度来看，2012 年至今，医药行业早中期项目投资年投资数量均维持在 40 起上下，投资金额自 2013 年至 2015 年实现了从 20.82 亿元至 157.47 亿元的飞跃式增长，即便在资本寒冬的 2016 年，医药行业的投资数量也超过了 40 起，未有显著下降。

　　医疗健康行业中，远程医疗一直是大家关注的热点细分行业。远程医疗的推行目前存在着诸多难点，例如只能解决病史采集中的问诊，并不能立刻获得相应的辅检资料；无法对患者进行线下实际检查；出现误诊、漏诊时较难追责。远程医疗的公司开展业务资质需要医疗器械生产许可证（或经营许可）及医疗器械注册证，平台需要互联网经营许可证（ICP）、备案许可证（ICP 备），医生需要执业医师许可证。除此以外，开展远程会诊的双方还需要各自具备医疗机构资质。从目前市场案例来看，"互联网 + 医疗"领域估值一般采用市销率法（P/S），估值倍数在 5 ～ 20 倍区间。

　　"十三五"规划纲要提出将"健康中国"作为中国的重要发展战略，强调要推动医疗服务重心下移和诊疗资源下沉。以下即是一个远程诊疗公司融资的案例。

某医疗科技公司商业模式的核心是向基层医疗机构提供成本合理的心电检测设备及高质量的远程心电诊疗服务，以廉价快捷的静态心电检测为抓手，吸引患者付费使用、增加基层医疗机构收入、降低基层医疗机构风险，从而形成基于静态心电诊疗之上的渠道黏性，并在该渠道基础上搭载高附加值的动态心电业务及其他设备耗材的销售。公司目标市场是中国广大的基层诊疗市场。

业务拓展方面，该公司扩大了服务覆盖范围和种类，叠加了更多的增值服务，如医疗器械及耗材的团购等，逐渐将更多基层医疗机构的渠道黏性转化为实际利益。因为公司属于"互联网＋医疗"行业，正在亲力亲为地建立中国下沉最彻底、覆盖范围最广的诊所网络，符合"分级诊疗"的医疗改革（以下简称"医改"）趋势，是热点行业中具有较大前景和想象空间的细分领域，也是互联网医疗当中盈利模式较为清晰的一种。

当前，中国基层医疗机构主要包括村卫生室、诊所、乡镇卫生院及小型社区卫生服务站（中心）。其中，乡镇卫生院普遍为公立机构，社区卫生服务站（中心）部分为私人承包，村卫生室大部分为个人经营，诊所全部为私人经营。公司面向的主要客户为私人诊所及社区卫生服务站（中心）、个人承包经营的村卫生室、自负盈亏的基层医疗机构（以下以"基层诊所"代称）。

《全国乡村医生教育规划（2011—2020年）》中提出，

到 2020 年，各省（区、市）建立健全与全面建成小康社会目标要求相适应的乡村医生教育培训制度，建立一支以中职（中专）及以上学历、执业（助理）医师为主体、整体素质基本满足村级卫生服务需求的合格乡村医生队伍。

从实际情况看，现在基层诊所缺乏的主要不是设备，而是懂得识别设备导出数据的人。如果基层诊所医务人员不会读心电图，当面临急性心梗等心脏疾病患者时，就存在不能及时诊断处治的潜在风险。在医疗服务逐渐下沉的今天，基层诊所将承担更多的诊疗责任。

虽然该公司深耕基层多年，在这条路上跨过了很多坑，也积累了大量的经验，但仍然有很多潜在风险是投资机构不得不防范的。

一是主要业务付费用户少。公司目前所获得的部分基层诊所客户每月付费服务次数仅为个位数。这导致由心电图远程诊疗带来的其他业务机会可能会更加低频，从而导致成本和收入的失衡。

二是在确保快速拓展销售渠道的同时，要保证较高的有效客户转化率，这点比较困难，没有足够多类型的产品和能同步达到基层诊所收益要求的产品供给，难以获得患者的青睐。

三是基层医生自身业务水平有待提高。几乎所有基层诊所医生都有医师执业证或助理医师执业证，他们在培训考证的时候都会被要求掌握识别最基本的心电图，因此基层医生完全有可能通过使用公司的设备提高自己的心电图读图水平，最终降低远程会诊比例。好在读懂动态心电图对医生的专业素质要求更高，这就很好地控制了流量。

四是如果会诊给出的结论有明显错误，有出现医疗事故的风险，也可以通过事故准备金和购买相关保险产品来规避。

五是人工智能对业务带来的竞争。据了解，目前各大厂商正在进行心电检测智能化的研究。以该公司的竞争对手即某医疗器械公司为例，其技术已初步实现对静态心电检测结果的自动筛查，可通过机器读图识别结果异常的心电图谱。据介绍，已在其生产的心电设备上加载智能诊断功能，患者使用其仪器测出的结果被发往后台，由读图系统进行排查，就能够自动分拣出正常与异常两类。由于智能诊断尚处于试用阶段，为了防止误判，一般安排具有专业读图能力的人员对"正常"类结果进行人工二次筛查，通过二次筛查，误判率可大大降低。

尽管有风险，但风险和机遇一直并存。在互联网医疗的热潮中，该公司重点发展基层医疗市场，目前已初具规模。随着更多扶持政策的落地，基层医疗一级市场必将成为兵家必争之地，因提早布局所获得的基层一级的接口将产生巨大的价值，这种价值不仅仅局限在心电图的诊疗上，在相关诊疗领域和其他企业的配合上都有巨大的想象空间，是值得投资机构持续保持跟踪的。

　　说到底，如果从制度上对医疗健康行业基金的投资进行约束，应对策略如下：一是对医药行业的政策进行深度挖掘和实时跟踪，对国家政策鼓励和支持的行业提前研究布局，寻找政策潜在受益和受挫对象并提前预判；二是不断在实践中加强对细分行业领域的研究和相关公司的研究，各个投资团队需要主动积累专业知识，在必要情况下寻求行业专家和同类投资机构的帮助，避免不小心误入雷区；三是采用分散投资的策略，"鸡蛋不放在一个篮子里"，对医药产业链各分支领域广泛布局，去粗取精，降低因单一领域、单一企业投资带来的风险；四是基金在分配投资策略时应避免早期项目过多带来的不可控风险，增加成长期和成熟期项目的投资比例，以能覆盖整个基金投资周期的一定收益为投资底线。

（五）专业人员素养怎样提升才到位？

专业人员素养的高低代表了生产力是否先进，生产力要素包括劳动者、劳动工具、劳动对象。劳动者是最可贵的人才，没有劳动者，再多的劳动工具和劳动对象都是无效的。投资机构从业人员要有中国人吃苦耐劳的品格，有守口如瓶的职业操守，有克勤克俭的投资理念，有越挫越勇的大无畏精神。同时，还要具备财务和法律基本知识，能够对未来产业趋势有一定的见解，对企业内部管理分析到位。

1. 投资机构从业人员应该具备哪些专业能力

现在几乎所有的综合大学本（专）科院校都开设了金融、经济、会计专业，通过各专业教授的教学，能够加深大学生和研究生对理论知识的理解。不过，在投资的实际操盘过程中，理论知识远远不如实际操作获得的知识实用。

为此，有些大学的经济管理学院也开始引入社会导师，指导学生在社会实践中接触真实案例。在大学本科或研究生最后一年的时候，导师都会安排充足的时间满足学生的实习要求，一方面是为了能够丰富毕业论文中的案例内容，另一方面是为了让学生学以致用，而非纸上谈兵，就业之后够迅速地适应高强度的投资工作。

对于股权投资而言，虽然各行业都有共性，但是每个企业又都是非标准产品。我们在研究不同企业的历史发展轨迹时，需要找出投资亮点。

笔者在曾经的工作中每年都会看超过两百份符合条件的商业计划书，首先会通过非现场的形式排除掉一些项目，然后对感兴趣又符合本投资机构条件的项目进行实地考察，每年实地考察的项目近百个，且基本都是准独角兽、独角兽项目。很多优质项目会出于窗口期、估值、融资额度、同行业更好的标的出现等种种原因，在初筛、立项、终审等阶段不断地被放弃。

理论上，虽然很多投资标的都符合国内 A 股市场的上市要求，但是又不一定符合不同投资风格的投资机构过会的标准，这种情况往往是在有序推进项目的过程中才能够发现并中止（终止）的。项目众多，但是与本投资机构吻合的项目未必就在眼前。

分析能力是投资人员的基本素养。前文提到的投资"三板斧"，其中最重要的就是业务尽职调查，这是需要投资机构员工来完成的工作。因为投委会委员和公司领导不可能全身心地跟踪一个项目，也不可能在投委会上会之前到企业进行实地深入调研，所以前期工作都是由投资团队来完成的。

做好纷繁复杂的基础工作，并能够从中分析提炼出提交过会的分析报告（主要分为行业分析报告和企业分析报告两部分），是投资从业人员必须具备的能力。

在 Wind 等软件上能够查找到很多券商研究所对某行业的具体分析，在各搜索引擎、知乎等网站上也能够发现与拟被投公司相似的上市公司的研究报告，不过这只能作为参考，不能作为完全可信的依据。

实际上，确实有太多的研究报告是攒出来的，甚至有的研究员都没有实地考察过企业，也没有访谈过企业上下游客户，就开始写报告，还信誓旦旦地宣称已经把企业调查得清楚明白，能为自己写出的报告质量负责。如果尽信研究所或某些专家写出来的报告，而影响了自己对行业和被尽职调查企业的判断，那就真的是得不偿失了。

由此可见，投资机构员工不但要迅速收集相关材料，从海量的材料里筛出能够作为科学依据的部分，要对企业进行实地考察，在与高管、业内专家访谈后，最终形成有见地的分析报告，还要根据需要形成过会的材料，这就要求投资机构员工不断地去伪存真、去粗取精。

在学历构成方面，复合型能力也成了从事相关行业者的必备素养。为此，很多医药、电子、汽车、化学等理工科背景的学生又继续攻读了 MBA（工商管理硕士）。毕竟金融是为实体经济服务的，实体经济的重要组成部分就是做实业的企业。

现如今，高科技企业成了最热门的投资对象，虽然在考察企业和做项目时从业者也能学到零散的专业知识，但是如果只是学习了 MBA，可是因为并非科班出身、没有经过系统化受教育的过程，在专业度上可能会吃一定的亏。

例如投资团队在考察拟被投正极材料项目时，就需要恶补新能源电池的组成部分和原理，以及正极材料作为新能源电池耗资占比最高的部分，未来的走向和突破的可能性在哪里等专业知识。对学习过化学等相关专业的投资从业人员来说，可能很快就能从原理上理解正极材料 NCM（镍钴锰）811 比 NCM622 的能量密度高的原因，以及国家补贴政策为什么能够倒逼正极材料提高能量密度，提升新能源汽车的续航里程；被投公司在三元材料细分领域该如何从上游延伸至下游产品，形成全产业链整合优势，从废电池回收资源化、原矿提取到电池材料前驱体生产，再到动力电池材料研发制造，构建"从废电池中来，到新电池中去"的废电池资源回收循环与电池材料再生产制造的稳定安全供应体系，实现产业闭环，以最大限度地利用资源，进而对未来原材料的成本控制形成较强的竞争优势。

上述内容从字面上理解并不难，但真的要形成正极材料和前驱体的闭环体系却并不容易。

在这些专业性较强的问题面前，无论是商业逻辑，还是专业逻辑方面，都需要有一定的事前准备工作。单纯读过 MBA，如果没有相关专业知识储备，就上马操刀这类项目的投资人，很难完成完善的尽职调查。

曾经在投资机构专注的行业龙头工作并做到过中层以上职位，后又转型进入投资机构的从业人员，既有相应的工作经历做背书，又对行业内部的各类规则和产品品类有足够深入的了解，在做尽职调查和判断项目时会有事半功倍的效果。当然，前提是不能戴着有色眼镜和刚愎自用的态度去考察项目，要利用行业经验去判断，再结合项目被投企业本身的情况来做出决策。这种情况盛行于 TMT、高端制造业和医疗大健康行业。

还有一个"专业能力"也是重中之重。通俗来说，做投资最重要的是身体好，这也是从业者必备的条件。投资机构的从业者首先要适应高强度的工作压力及经常出差的工作状态，这几乎是投资机构在招聘投资经理、投资总监乃至MD（Marketing Director，营销总监）时都会提的必需条件。不断往返于机场、火车站、企业、宾馆之间的行程，几乎占据了投资机构从业者生活的全部。

毫不夸张地说，笔者去过杭州西湖几十次，才偶尔在白天看到过西湖一两次。这种苦行僧式的生活是投资工作者的常态——在企业考察工厂运营情况，与公司高管及各个层级的员工代表做访谈并记录整理，提炼出与公司经营管理有关的所有信息。

热播电视剧《二十不惑》中姜小果在工厂门口亲自数物流车看吨位的经历，很多考察企业的投资经理也都有过。

各种明查暗访并非是不相信企业对自己所说的一切，而是更相信自己的亲眼所见，这样才能做出更有把握的判断。投资机构从业者的工作过程既有脑力劳动，也有体力劳动，没有好的身体素质和精神面貌，是不太可能经得起连续作战的锤炼的。

2. 情商与智商双增长才是硬道理

"世事洞明皆学问，人情练达即文章。"投资人的智商不会差到哪里去，因为投资机构的各职级所承担的角色不同，各个角色所要做的工作、接触的人也不同，所以从业者必须要具备高情商和高智商的复合才能。

中国的投行界已经开始学习国外的等级制度，即将投资从业者分为 AN（Analyst，分析师）、AS（Associate，经理）、SA（Senior Associate，高级经理）、VP（Vice President，副总裁）、SVP（Senior Vice President，高级副总裁）、D（Director，总经理、董事、总监）、ED（Executive Director，执行总经理、执行董事、执行总监）、MD（Managing Director，董事总经理）8 个职级。很多投资机构人员不多，施行扁平化管理，会精简掉 D 和 SVP、SA 等职级。每一个进入投行、投资圈的人最终目标都是 MD，每一个 MD 也都是一步步脚踏实地走上来的，每一个成为 MD 的人都有他应该成为 MD 的理由。

作为投资机构的管理层，MD 在管理序列里面如果没有出任副总经理或总经理，就等于是一个虚拟的合伙人，他要带团队，公司对其有业绩考核要求。他需要直接面对 LP（有限合伙人）和被投公司的双重压力：要能够对 LP 阐明投资机构的投资理念、历史业绩、团队情况、储备项目等情况；要能够做好对被投公司全盘流程和节点的把控，能够与被投公司实际控制人进行独立的商务谈判。这些对 MD 自身的法律实务、财务水平、团队管理能力等都有较高的要求。MD 在外代表的是投资机构的最高水平，投资机构任命每一位 MD 都比较谨慎，既要看其学历水平、历史业绩、是否具备独立组建团队及带领团队看项目的实操能力，也要看其在业内的资源，比如能不能找来资金或可投的优质项目。到了这个职级的人员水平都很高，差别就在于所在平台的大小、掌握的资金量和实际话语权。正因为如此，MD 从小机构跳槽到大机构会面临降级调薪等问题。

相比 MD，ED 差的是经验和阅历，与他人打交道的能力可能会相对弱一点，拿到资金和找到项目的能力相对差一些。但 ED 也能够独立带团队看项目，同样需要背业绩、被考核，考核指标以投资项目的数量、质量、金额、团队建设情况，以及投资项目当年的 IRR 情况等来确认，考核结果将决定 ED 是否会升迁或降级。从 ED 到 MD 的职级提升是投资从业者职业生涯必须走的一步，很多大平台的 ED 会因为职级提升无望而选择跳槽。同时也有太多的 ED 都梦想成为 MD，都觉得奋斗十年以上，MD 能唾手可得。事实上，走在独木桥上，越往前越难走。

VP 是最让实体企业疑惑的职级：很多年纪轻轻的员工怎么就成了副总裁呢？殊不知此副总裁非彼副总裁。作为证券公司和投资公司的中坚业务骨干，VP 不但要有在企业做现场的能力，而且还被要求将 MD 和 ED 交办的事务性工作完成得尽善尽美。每份尽职调查报告都要亲力亲为，还要带领员工完成各种各样的访谈工作，提炼并总结出让 MD 或 ED 能够在投委会汇报的文字。VP 要能够细致地找出估值法上的不同，也要能在尽职调查被投公司财务状况时发现刻意隐瞒的问题，还要在聘请第三方机构进场前，把好能否上立项会的关。在被企业误解为投资公司副总裁而被夸奖"年轻有为不简单"时，VP 还要内心酸楚地面带微笑说自己"就是个干活儿的"。在华为、京东方等大机构里，还有 SVP，那可是 23、24 级别的大人物，而在投资机构，也许不过是比别人多了两年的工作经验和业绩，就可能是高级副总裁了。

在业内，AS 这一层级人数众多，分析师干两三年就能升到投资经理，能对什么是好企业什么是坏企业做出一个基本的判断，对 VP 及以上领导的意图也有更深入的了解，不再是懵懵懂懂地按照理论分析报表和运营管理来工作。无论是在企业家的酒桌上还是在公司的办公桌上，AS 都应多做、少说、勤问，参照模板把行业分析与企业的现状进行结合，对企业为什么能够有高于同行业的毛利率做深度剖析，对标二级市场同行业的上市公司，与被投公司的各个不同板块进行对比，借以发现蛛丝马迹来给上级提供证据充足的弹药……这些辛苦的工作并非是为了在商务谈判时变成讨价还价的筹码，而是为了更准确地判断是否要把被投项目在上会前就毙掉，以减少上级浪费在项目上的时间和精力。

AN 是投行里面最初级的岗位，因为大型投资机构或投资银行的进入门槛较高，所以能入职本身就代表此人拥有一定的能力。分析师所做的是最基层的工作，就是对行业、企业、对标公司、财务、法律等进行全面的分析，还要借鉴投资机构原来投过的项目，看看从哪个方面分析能够找出问题。投资机构不是投行，不仅不需要对企业进行赞美和包装，反而要"挑刺"，需要指出哪些是不符合上会条件的，哪些是可以在短期内修正的，哪些又是可以通过本轮融资就能解决的。这些综合分析工作都需要在对企业有了整体判断之后，才能够完成。

无论以上所列哪一个职级，在投资机构里工作，在别人眼里是做甲方，募资团队是乙方，而老板是甲方和乙方的合体。在资本的刺激下，就是给钱让别人花和拿钱来花这么简单直接的关系。因此，投资机构的从业人员不但要有做甲方的姿态，而且也要有做乙方的觉悟。各职级的从业人员需要情商、智商双高，在从业人员职场角色的人设下，学会怎么让甲方（LP）心甘情愿让你帮他花钱，怎么让乙方（被投公司）在拿到钱后用到正确的地方。将来随着被投企业上市和快速成长，它又蜕变成了未来基金的出资方，各个层级的投资从业人员都要有意识地跟被投企业保持密切的关系，这个过程中要重视培养自己的情商，为自己的将来铺路。

人性是共通的，人性又是不同的。在不同的行业，有不同的老板和员工。不过，就如同前面所述，都需要通过研发、管理、销售等不同的流程来维持企业的生存和成长。投资机构在不同阶段介入到被投公司，不管是面对强势还是弱势的公司，都需要有积极的心态和做法，这在情商层面也是一种考验，是在从业过程中每时每刻都要提醒自己注意的。

很多企业家一般比较谦逊低调，且往往都对专业的投资机构报以尊重的态度，因此在处理与被投资企业的关系上，尤其是在还没有确定投资的阶段，我认为需牢记"敬而远之"四字箴言。

优质的企业在面临拓展市场铺设渠道、招聘新人投入研发、缓解供货账期带来的现金流压力等情形时，对资金永远是渴望的，创始团队也会在面临投资机构时有这样那样的情绪出现，不管是企业招待时的觥筹交错，还是访谈高管时对投资机构的刻意迎合，都不应影响投资从业人员的客观判断。

劣质的企业会更加表现出对资金的急切渴望，甚至有可能会对投资团队许以商业贿赂，以达到完成投资的目的。在这个时候酒可以喝，饭可以吃，钱是万万不能投的。

不过，有道是"三十年河东，三十年河西"，你永远不知道哪片云彩有雨，企业家也各有各的道，也不排除哪一天变成了你的合作对象甚至是出资的 LP。因此，投资机构还是要与其保持联系，提供力所能及的帮助，为将来的自己攒下一份人情。

（六）机构除了投资还要进行赋能

被问到有什么超能力时，蝙蝠侠回答："有钱。"对于投资机构而言有钱不叫超能力，有资源才是。有资源的投资机构能够赋予超越企业自身认知和上限的能力。投资机构都有钱，却不是都能给企业带来所需要的资源的。资源的价值禀赋是能生钱，能够让投进去的钱变成更多的钱。说多了"钱"这个字眼儿容易变得满身铜臭，曲线将资源代入同样能让企业快速成长。投后管理也是为了对自己的投资负责，对提高自己的收益有帮助。在给企业赋能的同时，不忘初心就行了。

1. 投资带来的是不一样的钱

按照不同的标准，投资人分为很多种。按照投资目的划分，分为战略投资人和财务投资人；按照投资机构的背景划分，分为产业资本和非产业资本，产业资本往往就是战略投资人。多数优质企业发展要经历天使、VC、PE 多轮的投资，有的则能够机缘巧合地拿到知名机构的资金，并顺利进行 A

轮、B 轮、C 轮、D 轮……融资；也有的企业从初始默默无闻不做 PR（Public relationship，公关），无知名投资机构问津，到后续因为业务模式的高歌猛进或新引进合伙人的人脉更新，也可以不断拿到知名投资机构或国家级基金的资金。

钱的属性没有变化，企业获得的投资都可以用来拓展业务、广开渠道、招兵买马、加大研发……但是不同社会属性的投资机构，会给企业带来不同的作用和影响。就战略投资人而言，可以参照 2020 年 3 月 20 日证监会发布的《发行监管问答——关于上市公司非公开发行股票引入战略投资者有关事项的监管要求》中对于战略投资者的标准定义，即战略投资者应当符合下列情形之一：

第一，能够给上市公司带来国际国内领先的核心技术资源，显著增强上市公司的核心竞争力和创新能力，带动上市公司的产业技术升级，显著提升上市公司的盈利能力。

第二，能够给上市公司带来国际国内领先的市场、渠道、品牌等战略性资源，大幅促进上市公司市场拓展，推动实现上市公司销售业绩大幅提升。

综上所述，在技术、市场、产品、渠道这些企业发展的重要环节，不管是上下游产业链的资源整合，还是赋予技术授权研发、团队能力增厚等内生增长，只要在一定程度上能够让企业享受到赋能的红利，就不枉"战略投资者"的称号。这对产业资本来说并不困难，因为每天做的就是同样的事情，只要把自身的一部分红利释放给被投公司，就会获得多赢局面。

战略投资者给钱给人给业务，不但能够在业务上与被投企业实现协同发展，而且能获取业务机会和业务利润，更因为战略入股，能够在二级市场股价出现上涨时享受到自身业务带给上市公司的资本增值，这种两全其美的做法也是二级市场喜闻乐见的。做大做强主营业务，利用战略投资者的不同行业优势，实现技术和产品的渠道拓展，增厚上市公司收入利润，这对非上市公司也是非常有借鉴意义的。

就非上市公司而言，以先进制造业引进产业投资机构为例，笔者在此简单描述一下产业投资机构的项目筛选过程：初步判断项目技术先进性—交给产品研发负责人判断技术合作可行性—给销售负责人判断市场容量大小—给产业集团 CEO 判断整体纳入上下游体系的战略布局认可度。如果走完上述各个步骤，产业战略投资人确认这就是自己想要投资的非上市公司，那就在与自身产业订单绑定之前，以赋能为谈判筹码确定一个比较低的估值，在产品合作与资本投入方面实现双赢。产业投资机构不但赢得了短期的订单收益，而且还获取了陪伴企业不断成长，迅速推动公司上市，使之前的资金投入尽快实现资本升值的优先权，资金的有效性真正实现了与实业的完美结合。也正基于此，除非在行业中名列前茅，非上市公司在融资时一般都会欢迎产业投资人优先进入。

与单纯选择战略投资人不同，在不考虑业务协同的层面，对财务投资人的甄选就比较简单，最主要的是考量创始人看重什么。

如果是看重某个省内市场拓展或是为了去拿土地等生产资料，完全可以定向选择某省或市区的产业基金；如果是为了得到所谓更好的背书，争取上市之前在监管机构面前有加分项，往往就会选择国家级大基金或较知名的国有基金；如果是为了加深与某些投资机构投过项目的品牌、销售等方面的深度合作，可以选择给予本产业密集投资的投资机构。

2. 投后管理无比重要

PE 投资的募、投、管、退全流程里，一直有"投后管理最重要"一说，却往往苦于没有实际的业务抓手，没办法给被投企业带来实际的帮助。实际上投后管理的重要性主要体现在投资机构有非常强的人脉背景，对于小的投资机构而言，说重视投后管理都是纸上谈兵。

投后管理是投资机构内部考核的指标，这种 KPI 比较虚。因为作为投资人虽然可能拿到董事席位，每个季度也能按时收到被投公司的财务报表和发展情况报告，但是这些知情权不能转化为对企业经营的干预权，企业也不可能会真正授予投资机构参与管理的权力。即便如此，投资机构也必须尽可能地参与到企业的管理中，钱投完之后，企业这辆车能否及时加速度，要定期做"保养"、做"美容"。

无论是对未来基金管理公司的收益负责还是对 LP 的资

金负责，投后管理都是投资机构的责任和义务。投资机构投资后，对企业的赋能可以是多方面的，例如市场、产品、研发、渠道等，还有投资团队的人脉资源、投资机构的项目优先选择权等，都能为企业带来积极影响。

为了让投后管理更有实效，很多 GP（General Partners，普通合伙人）纷纷组织起 LP 和被投公司的见面会，毕竟真正出钱的是 LP，他们的能量也更大。与 GP 对被投公司的关爱相同，众多 LP 都是像爷爷关注孙子一样关注被投公司的成长，因为花的都是自己的钱，也是为了让自己的资产保值增值，倾注的心血一样不会少于基金管理机构。开这样的对接会议有几个好处：一是让 LP 检验一下自己的投资眼光，以便下一期出资的金额更多，决策流程更顺畅；二是让 LP 能够在自己力所能及的范围内，不管是在业务领域还是各类资金方面支持被投公司，保证基金本身能够赚取较好的收益；三是让被投公司感受一下 LP 被追捧的氛围，为今后甲乙方角色互换提供心理暗示。

投后管理，投资机构可重点关注以下几点：投资标的是否建立投后管理责任制；项目团队是否制订投后管理计划和项目退出计划；项目团队是否及时跟踪政策、市场、行业可比企业的重大变化；项目团队是否及时收集投资标的经营管理信息，定期报告投后管理情况；参与投资标的决策的人员是否认真履行表决意见审批程序；项目团队是否及时报告重大风险事项，提出应对方案，风险应对处置方案经批准后是否得到落实。

鉴于已投项目对投资机构履行的义务基本上是提供非现场材料，投后管理团队需要通过非现场分析来对企业的发展做出评判，具体来说，可从以下三个维度进行重点分析。

（1）主要经营管理指标分析

①财务类指标

包括但不限于：主营业务收入增速、主营业务利润增速、净利润增速、销售毛利率、主营业务利润率、净资产收益率；日常经营性活动现金流、净现金流；资产负债率、利息保障倍数等。

②产供销指标

包括但不限于：主要产品市场占比、新增客户数量、主要产品新增销售额；前五大供应商采购金额占比、前五大客户销售收入占比、关联企业采购金额占比；设备更新率、设备自有率；产品返修率、退货率、报废率等。

③行业技术指标

包括但不限于：行业前景、行业周期、行业利润率、主要产品行业集中度、主营业务收入行业排名；投资标的发明专利数量、新申请专利数量、核心专利数量、专利转化率、投资标的研发人员占比和研发费用占比。

④投融资指标

包括但不限于：募集资金投放进度、对外担保金额、发债信用评级、银行信用评级、资产抵质押率、股票质押率、一年内到期负债、长期负债、下一轮融资规模和时点。

⑤估值指标

包括但不限于：企业账面价值、上一轮估值、企业最新估值、项目预计 IRR，可比公司 PE 倍数、PB 倍数、PS 倍数。

⑥股东权利指标

包括但不限于：持股比例、董事会席位数量、投资人知情权。

（2）生产经营预警信号分析

生产经营预警是对企业的重要监管，需要每个月都实时监测。包括但不限于：企业的基本账户结算量连续两年下降；工资支出、水电费、税金、研发费用支出连续两年下降；基本结算账户日均存款下降超过 40%；现金销售收入占比下降超过 40%；主营业务收入占比低于 50%；应收账款周转率、存货周转率连续两年上升；经营性现金流连续两年为负；资产负债率超过 80%、利息保障倍数小于 1、固定资产或股票抵质押率超过 70%，且持续上升；变更融资条件、多次债务展期或变更债务还款计划、结息参数；40% 以上债务偿还资金来源于第三方而不是第一还款来源；账户资金出现流向"三司一行"（担保公司、小贷公司、网贷平台公司、典当行）的情况；财务费用支出与当年长短期借款平均余额的 15% 相当；投资标的法人、高管、主要自然人股东等关联人员被列入失信名单或纳税非正常户（可以通过相关网站查询）。

（3）重点会计科目异常分析

投资机构要配备专业的财务管理人员，对会计科目加强监管。包括但不限于：固定资产、无形资产、存货、投资性房地产净值大幅变动；销售收入与经营现金流严重不匹配；期间收入波动性大，期末突击确认销售收入；营业费用、管理费用、财务费用大幅增加或减少；主要产品单位成本大幅变动，单个产品毛利率大幅上升或下降；期末存货余额巨大（可能存在应转未转成本），存货占主营业务成本过高（如超过50%）；存在长期大额应收应付账款且应收应付账款占比高；其他应收应付款快速增加；资本公积余额巨大或大幅变化；大额非经常性损益和营业外收支；存在长期大额在建工程和长期大额研发费用支出，且固定资产折旧、无形资产摊销费用少；重大以前年度损益调整、重大或有负债事项和重大税务调整事项。

如果真的发现上述重大的、可能会影响投资收益的问题，为保险起见，投资机构可以派风控、审计和投资团队对企业进行现场检查，再结合投后检查结果，从股权和公司治理风险、行业风险、企业经营风险、信用风险、流动性风险、运营操作风险、法律合规风险、负面舆情等方面分析潜在的重点问题。严重的情况下，不排除对企业进行相关诉讼，以避免出现不可挽回的损失。

对于被投公司而言，往往拿到钱以后就不再对投资机构唯唯诺诺了，只要把月报、季报、年报还有董事会的重大决策及时报送给作为股东的投资机构，就算履行义务了。事实上，众多企业就是这么做的。当然，企业对有董事席位的投资机构会更尊重一些，毕竟在董事会上，董事代表是有投票权的。但是，这种投后管理在非公众公司阶段获得信息全靠被投公司自觉上报，上报信息的真实性也完全靠被投公司的自觉。

而投资机构在被投公司上市后就更沦为与二级市场投资人一样的地位。这个阶段的所谓"投后管理"其实都是投资机构的一厢情愿，主要看被投公司是否愿意配合。如果不愿意配合，投资机构也只能抗议、强烈抗议或通过法律手段获取知情权了。

（七）双循环：募资要考虑的那些事儿

如今，市场上有钱的 LP 越来越少了，投资机构招聘募资的岗位漫天飞舞，一旦青黄不接没米下锅的话，有些投资机构就开不下去了。残酷的市场从来不缺新机构，缺的是稳定的 LP。LP 只要愿意给钱，投资机构就真心愿意为他们承担起管好钱的责任，让 LP 们变得更有钱、更迷人。

1. 成为 LP 的国有"力量"有哪些？

募资是"募、投、管、退"四个环节里面最艰难的一环。

根据北京清科投资管理有限公司私募通数据显示，从 2014 年底到 2017 年底，中国股权投资市场上的 LP 整体数量从 13215 家迅速增长到 21953 家，增幅高达 66%。其中，个人 LP 数量同期增长了 1762 家，增幅为 25%。政府引导基金及一些拿了政府引导基金资金的母基金，如知名的中国盛世投资有限公司等市场化基金管理机构，已经成为 LP 中的主角。

相比较而言，三方财富机构所熟悉的个人 LP 已经降到相对较低的比例。现在，随着基金业协会要求的对产品的多层穿透，还有对过往投资人投资失败后在门口举牌示威对投资机构造成的不良影响的恐惧，使得 GP 在做出资金选择时会优选机构投资者。

现在受市场欢迎的主流 LP 无非是银行资金、保险资金、中央和地方国有基金、政府产业引导基金，还有市场化母基金、地产等行业领域的优质民企。

2018 年《指导意见》发布后，银行的资金出口被封堵，理财资金池首当其冲，用资本金出资的也陆续在退。有些银行开始另辟蹊径，寻找投贷联动的可能性，很多集团化的银行成立了股权投资基金。但是股债思维转换需要相当长的时间，且做出决策的领导多为在银行从业多年的人员，在对短期现金流和风险把控上都与股权投资机构思维有较大的差异。即使可以用银行资金了，在投资审批的项目标准判断方面，大批的独角兽和科创板企业也可能会因为风控不能过银行这一关而被否掉。

因此，如果有银行在投资机构投委会里有席位，层级较多的银行系在预沟通项目和审批决策时的流程长度，对市场化基金而言也是极具挑战的。不过，如果各项流程都很顺利，银行作为股权投资机构进入到企业，依然是非常受欢迎的，因为这不仅仅可以给予企业较强的流动性支持，还能让企业股东名册变得更加稳重、扎实、好看，容易吸引下一轮投资人的注意。

保险资金的优势与银行类似,更多的是以资金量大、使用周期长取胜,动辄 20 亿元以上、10 年以上周期。这是由于寿险产品本身的周期足够长,多数长达 20 年以上,作为 PE 基金的"5+2 年"惯例,保险资金都觉得期限短,但是依照保险资金属性的风险偏好,更长期限如 10 年以上的天使或 VC 基金又不适合它们。

保险资金作为投资股权的 LP,条条框框不比银行的少,只不过约束性的形式不同。最关键的要求有两条:一个是投资机构注册资本不低于 1 亿元,且已建立风险准备金制度;一个是具有丰富的股权投资经验,管理资产余额不低于 30 亿元,且历史业绩优秀,商业信誉良好。这两条规则足以把绝大多数股权投资机构都屏蔽在外。不足之处是保险公司作为 LP 的审批流程较长,而很多市场化的股权投资基金也在伺机而动,因此可以同步申请其他更加贴近市场需求的母基金。

从 2016 年到 2018 年,在《指导意见》出台之前,科技部、国务院国有资产监督管理委员会(以下简称"国资委")、工信部等陆续发起成立了国家科技成果转化引导基金(1000 亿元)、中国国有资本风险投资基金(2000 亿元)、中国国有企业调整改制基金(3500 亿元)、国新国同基金(1500 亿元)、国新央企运营基金(1500 亿元)、中国互联网基金(1000 亿元)、国家军民融合产业投资基金(1500 亿元)等。千亿级别基金频出,仅中国国新控股有限公司就管理了近

6000亿元规模的基金。2020年,上海又成立了国家中小企业发展基金(350亿元)、国家绿色发展基金(885亿元),这些基金有的是直投加母基金,有的是纯正的母基金,支持有资格的基金管理公司申请配资。各个基金不同的主管部委都根据各自的特色,将设立的基金锁定行业,此时对战略新兴行业的支持是空前的。

在许多年前,国家更多的是以补贴的形式对战略行业进行帮助和扶持,施策之后发现,这种形式的补贴有很多弊端:一是见不到成效,也不清楚钱花到什么地方去了,钱花得值得不值得;二是没有足够强的监管,督办和检查的力度不够,使得连知情权都不能充分实现;三是补贴就是补贴,扔下去就没有了,作为出资方的国家财政机关并没有任何实质性的回报。

认识到这几点后,国资委把中国诚通控股集团有限公司和中国国新控股有限责任公司作为"国有资本运营平台",通过持有各大央企部分股权的形式,派出外部董事对各个央企加强管控和监督,并成立不同的基金管理公司,管理大笔资金作为股权投资基金。

后来各个地方政府也纷纷效仿,比如上海国有资本运营平台公司、深圳投资控股有限公司的设立,都是国有资本运营实践推进的重要步骤。国家重视股权投资,通过成为标的公司间接或直接股东的方式,行使股东应该具备的知情权、参与决策权、资产收益权、选择和监督管理权等权利。这样不但能够对国内处于头部的行业龙头进行深入了解，而且还能够分享资本市场带来的投资收益。

2002 年，我国第一只政府产业引导基金——中关村创业投资引导基金成立。2005 年，在国务院十部委联合发布的《创业投资企业管理暂行办法》中第一次出现"产业引导基金"的概念，这是在操作实践效果不错的情况下的一次制度化体现。

2008 年，国家发改委联合财政部、商务部共同出台的《关于创业投资引导基金规范设立与运作的指导意见》中指出，创业投资引导基金（以下简称"引导基金"）是指由政府设立并按市场化方式运作的政策性基金，主要通过扶持创业投资企业发展，引导社会资金进入创业投资领域。引导基金本身不直接从事创业投资业务。

2015 年 12 月，财政部发布《政府投资基金暂行管理办法》（210 号文）首次明确了政府投资基金的定义：政府投资基金是指由各级政府通过预算安排，以单独出资或与社会资本共同出资设立，采用股权投资等市场化方式，引导社会各类资本，投资经济社会发展的重点领域和薄弱环节，支持相关产业和领域发展的资金。

2016 年 7 月，中共中央、国务院发布的《关于深化投融资体制改革的意见》，提出根据发展需要依法发起设立基础设施建设基金、公共服务发展基金、住房保障发展基金、政府出资产业投资基金等各类基金，充分发挥政府资金的引导作用和放大效应。《关于深化投融资体制改革的意见》里提到的几类基金都属于政府投资基金。

2016年12月，国家发改委发布《政府出资产业投资基金管理暂行办法》，又明确了政府出资产业投资基金的定义，即指那些具有政府出资，主要投资于非公开交易企业股权的股权投资基金和创业投资基金。

2019年10月，国家发改委、中国人民银行、财政部、中国银行保险监督管理委员会、证监会、国家外汇管理局联合印发了《关于进一步明确规范金融机构资产管理产品投资创业投资基金和政府出资产业投资基金有关事项的通知》（发改财金规〔2019〕1638号），明确了适用该通知的政府出资产业投资基金应同时满足以下条件：第一，中央、省级或计划单列市人民政府（含所属部门、直属机构）批复设立，且批复文件或其他文件中明确了政府出资的；政府认缴出资比例不低于基金总规模的10%，其中，中共中央、国务院批准设立的，政府认缴出资比例不低于基金总规模的5%。第二，符合《政府出资产业投资基金管理暂行办法》（发改财金规〔2016〕2800号）和《政府投资基金暂行管理办法》（财预〔2015〕210号）有关规定。第三，基金投向符合产业政策、投资政策等国家宏观管理政策。第四，基金运作不涉及新增地方政府隐性债务。

结合上述政策文件，我们开始把政府发起的、对社会资本投资起到引导作用的基金统称为政府产业引导基金。这类基金不一定完全由政府出资，多是由政府出面发起，并投出一部分资金做基石，再引导银行、保险、非银金融机构及上市公司等社会资本共同出资，利用政府资金引导资本投资方向，撬动社会资本，发挥政府资金的杠杆效应，以达到招商引资、促进当地产业发展、打造产业集群、提升当地就业水平等目的。

政府产业引导基金、创业投资引导基金及科技型中小企业创新基金等都属于政府引导基金，在名义上都会给处于不同阶段的投资机构配资，以达到鼓励不同类型企业来当地落地的目的。狭义上的引导基金主要是指政府创业投资引导基金。

因为所属机构有国有和民营的性质区别，市场化母基金关注的不是股东的背景，而是投资机构成立以来的业绩，以及管理团队曾经的业绩表现。

相比较而言，地方政府产业引导基金关注国有投资机构会更多一些，追求稳健的风控和收益，不追求过高的收益率，且注重对本地的反投。地方产业引导基金的资金一般会在其他资金到位后才会配资到位，有的地方产业引导基金更会提出配资到位的前提，即需要有能落地当地的项目提前过会，并且在当地注册了子公司，有相关的业务投资规划。在地方产业引导基金看来，能够反投到当地的企业才是最佳选择，然后用反投比例来撬动社会资本，从而拉动当地招商引资，带动人流和商流的活跃，完成当地就业指标，维护当地稳定。这跟市场化母基金追求资金要用到收益率最高的项目上的目标有区别，这也是市场化的投资机构，尤其是民营投资机构很难拿到地方产业引导基金投资的原因。

投资机构永远都在找钱，地方政府永远要比税收和GDP，一种别称叫作"招商基金"的地方产业基金应运而生。例如某一类产业园区有好的招商政策，也有扶持资金，但是当地招商局的市场化水平和能力略显不足，就需要委托一些市场化的投资机构来借助这个园区的产业引导基金优势，在国内外挖掘早期的项目。项目单独上市获取资本市场的利益不是其主要目的，这样做是为了引进优秀的人才，培育当地的高科技产业。这类基金，不断深耕于某一个产业园区的产业，且只针对早中期的优质股权项目，确实有很大的发展空间，也必然成为一种时兴的、资金搭台唱戏的招商引资方式。

2. 民间的 LP 哪里找？

因为筹集资金的难度很大，上述政府产业引导基金和银行、保险金融机构的资金并不能满足市场所有融资需求。这使得投资机构募资将眼光放到了市场化母基金、地产等各行业领域的优质民企这类民间 LP 的身上。

活跃的第三方财富机构是民间母基金的基石。第三方财富机构在各一、二、三线城市大都有分或子公司，有的机构甚至已经将触角深入到了四、五线城市。第三方财富机构有大批财富顾问和销售经理奔波于产品培训会和客户路演会之间。

对于第三方财富机构而言，信托产品最好卖，因为债权都是标准化且简单易懂的，刚性兑付和背后多为国有信托公司的股东背景，能让民间投资人更放心。在没有特别高的利益诉求的情况下，10亿元规模的信托产品可能半个月时间就能销售一空。而且，地产项目的关键要素相对好判断一些：一看开发商，二看城市和地段，三看项目本身。严谨性不太强的话，三者有二就能成立信托产品。如果不是前融项目，有房有地在传统投资者眼中就是最大的保障。就算亏了，还有房子有地可以补偿，即使地产和房产并没有抵押给投资机构，在投资者看也依然是非常有保障的。

针对股权投资产品的募集，现实中区别很大。因为每一个被投项目都是非标产品，基层财富顾问很难说清楚一家医疗高科技企业，或者一个半导体高科技公司的技术先进性到底在哪里，同时也很难告知客户自己所卖的产品最终投资收益有多高，更重要的是不但不能承诺保底，而且还得向投资人提示各种风险。在投资人决定真正落地投资时还要签署风险提示的文件，每一步都可谓如履薄冰，担心投资人一个不开心就不投了。

风险提示的目的，是避免在发生投资不顺、投资款回不来时，出现投资者拉横幅闹事的事件。投资机构其实也很怕出现投资者闹事的情况，有很多投资机构，特别是国有投资机构，在募集时一般都不考虑拿第三方财富机构的钱。

中小民营企业家更爱"明星投资人"。正所谓"人的名，树的影"，与背后有国有平台和各种金融机构平台做背书的投资机构不同，民营投资机构都是"山高人为峰"，投资人自己就是平台，致力于打造个人品牌。

民企也是一个江湖，马化腾这样的企业家在很多民间老板眼里就是神话一般的存在，如果"明星投资人"曾经投出过几家这样的明星公司，找 LP 还是相对容易的。企业家们在这个时候就会选择性地忽略一个事实：过去的成绩不能代表未来。

从另外一个角度而言，"明星投资人"的经历和阅历确实能够让他们更容易找到好的项目，毕竟一直在中高端投资圈子里，大家也都是互相关照和信任的老朋友，他们的违约成本一般都比较高，也确实给了较强的背书。

在 P2P（点对点网络借款）风行的时期，风险偏好性强的民间资本巨量进入 P2P 行业，为的是获取高额利息。只不过有些 P2P 公司并不在乎要付多少利息，因为它们直接瞄准的是投资人的本金，把本金全部卷走才是这类公司成立的终极目标。最终，有的投资人赔得血本无归、倾家荡产。经历了这么多血与泪的洗礼，手里还有余钱的投资人试图在有限的投资渠道里摸索，寻找能够让资产保值又能快速增值的途径；有的投资人在一些教学机构、总裁班同学、投资圈朋友的引导下，开始尝试长期投入而又有可能几年后像踩着筋斗云翻跟头一样成长的股权投资方式。现实中这类投资人不在少数，很多这种想要资产配置多元化和业务转型的中小房地产商、中小企业主都成为行业募资的目标客户。

事实上，有很多家族办公室很早就成了股权投资机构的LP，比如美的集团创始人何享健家族，就给高瓴资本集团、IDG资本等顶级投资机构数十亿元用于投资优质的公司。对于这类家族，股权投资是一种资产配置。正是因为有顶级家族办公室的介入，很多中小型家族办公室也开始将目光转向了股权投资这一领域。

还有一些资金量不大，又想让自己的继承人对金融投资领域有所了解和作为的企业家，更乐意跟知名机构做一只小基金，天使或VC都可以；碰到好的项目，也可以掏出一笔钱参与到Pre-IPO的项目里。这种投资带有培养接班人的目的，需要接班人能够深度参与基金运营管理，拿到一票否决权。这样做不但可以培养个人对金融投资领域的认知，而且还能给家族带来一些衍生业务。不过这种诉求也要看依托的投资机构与企业家之间的关系如何。如果关系一般，那还不如直接作为LP进入投资机构自身的产品中；如果私人关系不错，又能给其他产品助力，那么还是可以开放品牌与企业家合作的。

在中国，思想传统的老一辈企业家比比皆是，特别是持有半垄断牌照的和"家里有矿"的企业家，赚钱稳定，不用为现金流发愁，"一亩三分地"上自己说了算，也没想过上市，或者说企业除了收入利润符合标准之外，其他条件也不适合上市，过了几十年旱涝保收、好吃好喝的生活，不会去特意关注股权投资是怎么回事。

这类企业家已经处在传统民企的成功阶层，对国家机构、国有金融平台比较信任。不过也仅仅是信任而已，他们并不会把钱交给国有投资机构来帮自己管理，他们更信奉靠自己的能力来管理自己的钱。国有平台能够展现给他们的是背后天然的优势资源，国有投资机构的谨慎投资态度也很难给予这类企业家想要的回报率。

换位思考来看，基金管理人本身都没有企业家有钱，又怎么可能赢得他们的信任来管理其财富呢？这本身就是个悖论。基金管理能够赚到比企业家手里更多的钱，又需要企业家掏出钱来帮他证明，这正是这类企业家考虑的风险所在。

民间资本如果不能够一次性出资到位，那么在遭遇突发重大风险时，是很难在日常经营和长期投资中找到平衡点的，只能收缩长期投资阵线，保住主营业务立身之本，以图东山再起。但是这样也会让相关基金的募集和资金到位充满了变数。

3. 投资战略性亏损和企业战略性亏损的区别

出资方投资就是为了赚钱，不同的投资赚钱的周期和多少都不同，风险与收益之间的平衡是出资方偏好所决定的。

作为帮助 LP 进行投资管理的投资机构来说，最理想的状态就是资金投入后，尽快按照高估值退出，收取管理费和 CI（Carried Interest，附带权益），增强 GP 的市场影响力，再尽快组建募集下一只基金产品。所有的投资机构最不能忍受的是，资金在投入之后估值减低，且很长时间内都退不出来，类似滴滴出行、优步、软件银行集团（以下简称"软银"）投资的共享办公 WeWork，只是纸上财富，WeWork 已经把软银曾经骄人的 IRR 亏了不少。

由此可见，对 DPI（Distribution over Paid-In，基金对投资者已分配的收益，也就是投入资本分红率）的考核就变得更加切合实际。作为投资机构，只要企业下一轮能融到资，且融资时的估值比自己投资时那一轮高，就代表这个案子投资成功，即使这种成功并不能代表投资机构最后能够赚钱且安全退出。

事实上，很多机构都是长期协作进行联合投资的，天使、A 轮、B 轮的份额都已经锁定了，圈子也不大，只有那几家机构能够享受顶级项目的顶级回报，这与江湖地位、品牌影响力，以及发掘项目的能力、眼光有关系。有些 A 轮进入的机构在 B 轮、C 轮就先把本钱套现出来了，剩下在里面的是净利润。这样的投资机构根本没有战略性亏损，即使有看走眼的时候，也会号召其他不知名的投资机构为他们接盘。虽然让人接盘这种操作很伤人品，但是首先是要保住自己的资金安全，才能够给 LP 一个交代，这在商业社会也是一种自我保护。如果在江湖上长期做下去，这个人情还是需要找机会还的，在下一个不错的项目出现时，就要分一杯羹给帮过自己的机构。

近些年，一种新业态、新模式的出现很快就会吸引诸多人的模仿和突进，随之而来的是"烧钱大战"，"烧"的是投资人的钱，至于"烧"得值不值其实都是在赌，投资机构在赌，投资负责人也在赌。投资机构赌的是所看好的团队能够迅速崛起突围，成为新业态的领头羊，即使"烧钱"导致战略性亏损也在所不惜。因为投资机构管理的基金池子需要配置这样具备准独角兽资质的"风口"企业，万一被投公司成功了，无论是投资机构还是投资负责人都会一战成名。即使失败了也无妨，反正投资机构管理的也不是自己的资金，虽然有人需要承担责任，但不会曝光是由哪个投资人负责的。

只要基金池子里不单一下重注在这个失败的企业身上，在其他项目上照样能够赚回来，也是对 LP 有交代了。只有在一种情况下会啪啪打脸，就是在项目还未成功时就开始四处帮助企业做公关、为企业站台，以博取自己的名声。一旦企业失败，那将一发不可收拾。

战略性亏损的前提就是要有较强的战略眼光。新业态、新模式的企业赛道是前瞻性很强且有未来的，这类企业本身也自信是会赚钱的，比如共享单车、新能源汽车、约车企业等。针对这类企业的投资，投资机构需要在运营管理规模和市场需求之间找寻到平衡，另外也要考虑竞争者的市场占有率，在此基础上，再考虑投入产出比。

不过，市场的变化是根据消费者的意识和喜好来的，因此不能确定在赛道赛跑的哪家企业真正能够迎合消费者的需求，这与企业的战略思想关系很小，与运气关系很大。另外还需要靠市场调研，靠团队对消费者观念的培养和理解，靠铺天盖地的市场公关。营销传播对新业态、新模式的企业至关重要，很多人都会发现北京地铁、上海地铁的广告经常被一些从未听说过的 App 占据，而且轮动周期很短。这些广告出现的时点也极其相似，一般是在融资前后三个月内，意图通过造势宣传拉一波新的高速增长，从而顺利赚到更多钱，也能给投资人一个交代。此类新兴企业注册地址一般都选在税收洼地，能获得五年税收减免，呈现出部分抵消现有负债的"税盾"效应。企业可以适当降低五年期以内的中短期负债比例，使资本结构中负债占比降低，从而减少财务成本，降低亏损，增加净利润。以下是一个企业必须先战略性亏损的例子。

近几年市场格局的重新划分使得现有出租市场越来越呈现出多元化趋势，主要体现在共享经济及新兴出行方式的接受度提高，个性化与便利性出行需求增加，网约车和出租车明确分层。2020 年约车市场的出行需求为 1.1 亿次/天，市场规模约为 1.1 万亿元/年。

约车业务如火如荼，入局者如云，有整车厂，有产业集团，有市场化团队。随着用户对网约车接受度的提高，以及政府对出行市场政策的规范，以安全、合规、优质服务体验为特点的 B2C（business to customer，商业机构对消费者）模式企业对消费者的电子商务模式将迎来更大的发展。

某约车企业借助集团历年的线下管理经验和政府、各地合作伙伴的资源，以盘活控股集团庞大资产的关键流量为入口，获得了控股集团的资源倾斜。企业内部孵化了一支具有执行力的管理团队，在很短的时间内发展出拥有数万辆车的网约车队，业务覆盖超数十座大中型城市。该公司对自营团队的司机采取全职聘用制度，有严格的选拔、培训与管理制度，所有司机都要进行为期一周的培训，包括约车系统操作培训、服务礼仪培训等。考试的标准很严格，只有高分通过才可上岗，从而确保了司机的服务质量。在自营模式之外，该公司也开启了加盟模式，即在投资较少的情况下，靠输出软性培训和管理，就能够快速提升运力，扩大城市运营边界。该约车公司在自营模式下的收入属于该公司，司机作为公司员工获取工资和奖金；加盟模式下的收入属于加盟商的服务公司，网约车平台参与抽成分红。

该公司非常重视企业级用户的推广，重点关注银行、电信、电力、邮政、科技、制造等行业大型集团国企总部，以及各地分支机构，总分结合，从上往下推进。与此同时，国内外知名 500 强企业、知名互联网企业、知名游戏公司也是重点公关的目标客户。该公司倡导优质的专业化服务，安全、可靠、快捷，且车辆档次与所服务对象所处的行业地位相匹配。

此外，该公司还通过给B端企业统一的折扣，发展B-B-C（企业—企业—消费者）业务；通过公司工会和行政部门引导企业员工家人使用本公司车辆，企业员工家人用车同样享受企业级优惠及各种服务。

由于购买车队、铺设网点、招聘司机、人员培训、增加用户等处处都要花钱，于是就出现了现在和未来几年的战略性亏损，这种亏损在投资机构看来是可以承受的，也是发展过程中必须经历的，只不过"烧钱"有点儿多而已。该公司用户的大幅增长和补贴有直接联系，不间断地推出大额补贴优惠促销会带来客户的明显增长，在最大优惠的补贴月份来临时，客户的增长斜率会明显变陡。该公司也用充值返等值的模式，将部分现金先抓到手里，以"资金池"带来的储蓄或理财收益来填补部分补贴的成本。订单量由于车辆数和用户数的增长呈现每月增长态势，尤其从当年5月开始，车辆数规模扩张和用户积累量效应开始突显，订单量增速加快。

这种亏损之所以前面加了"战略性"三个字，说明这是在特定的快速扩张和发展阶段所产生的亏损，摆脱亏损情况的核心应对策略是谁能最快速地整合市场资源。如果这种亏损成为常态化，那就是业务模式在某些地方水土不服了。

该公司通过以下几个方面来应对风险。

首先，要应对持续补贴无法按计划盈利的风险。网约车市场历史上补贴严重，竞争激烈，同行业几乎都举办过高额充返的活动，且都在充返活动结束后，出现了订单量大幅度下降的情况。随着业务规模的扩大，该公司积极探索分地域的补贴模式，例如在市场地位较为稳固的北京可以适当减少补贴，而在新开城市，公司计划通过返券、合作伙伴加盟、渠道拓展等方式在一定程度上替代补贴方式。

其次，要应对企业持续亏损导致的现金流紧张的风险。该公司通过多轮股权融资，获得了大量的股权资金支持。另外，因为集团资源的倾斜和背景，该公司通过融资租赁、银行贷款等形式获得了部分债权支持。该公司主要的现金流出项之一是向控股集团支付的租车款，此项一直就存在调节的余地。

再次，要应对新开城市订单量低、发展缓慢的风险。该公司的核心痛点是原有的外地车辆少，导致知名度不高，用户叫车难、等车时间长，形成了恶性循环。但随着车辆数的快速增长，很多平台也把该公司的呼叫业务放在其中，客户自然被吸引到该公司的平台上，还有多家类似企业意图加盟该公司平台，预计平台车辆数目将大幅度提高，实现规模效应。

最后，要应对司机管理不到位的风险。该公司通过制度管控将风险降低到最小化。具体而言，该公司的车队领导和相关负责人可以通过 GPS（全球定位系统）和平台自有

App 对行车驾驶员的服务质量、行驶路线、礼貌用语、车辆速度等同步进行监测，以确保员工高峰期的上班时长能够维持在高水平，确保向客户提供优质服务的时间段。为了避免同行业竞争，当营运车辆在非运营时段停在路边等待时，该公司能通过系统自动监测车辆异动，避免了自营模式下的司机在闲暇时接收其他平台订单的可能性。

此外，该公司采取了固定油耗的标准油耗政策，可以在制度上令司机驾驶时节省燃油。另外，该公司采取超额提成及加班补贴的方式确保对司机的有较激励，通过订单数量激励和单笔大额订单奖励，鼓励司机多接单、接长单。在给车辆上保险的前提下，该公司也与司机签订了责任承担协议。如果违章罚款是由司机自身原因造成的，由司机自行支付。同时由于司机前期已经缴了一些押金，风险较小的维修、事故（保险外）的费用均可从押金扣除，该公司不承担此类风险。

上述风险应对之策可谓从各个方面对资金的使用进行了精细化管理，尽量避免了"烧"投资机构钱的行为。该公司通过各种营销方式发展用户、获取订单，包括通过高充返的模式既能使充值的资金池充盈起来，又能增加用户的用车频次和金额。客户数量迅速增长带来的品牌知名度提升也能拉升下一轮融资的估值，进而使项目步入良性循环轨道，直至走向资本市场。

笔者也对约车企业有些粗浅的拙见，认为可以从业务层面进行改进，以降低约车企业战略性亏损。一是打造司机认同群体，使得司机群体能够有集体效应，有交流的平台，也能够在个体遇到困难时体现集体的力量，能够互相帮助完成带人或带货的任务，实现学传帮带，提高效率。二是打造客户评价体系和客户交友体系。将客户画像细化，比如用高端车的可能是富裕群体且注重隐私，可以建立私聊或阅后即焚的聊天系统，扩大同区域、同行业、同级别的朋友圈。这样可以增加客户对约车企业服务的使用频率，通过可能带来的业务撮合或感情撮合，让约车企业的客户黏性增加。三是打造约车企业生态。该约车企业作为一家估值和流量都非常高的企业，有机会创造衍生领域的许多平台，这样不仅可以强化约车企业本身的信用体系和产品体系建设，还可以拓展潜在用户群体，并且更好地服务于更多的用户。

4. 把手里的资金用到刀刃上才是最佳选项

风险和收益永远是成正比的，投资机构的选择也表明了其在收益与风险上进行了选择。虽然对于一个投资机构，比如 PE 类机构而言，一个 LP 的 5000 万元已经是很大的出资了，但是还要看这个 LP 手里有多少钱用在各种投资机构的出资上，因为资产管理的配置原则是"不把鸡蛋放到一个篮子里"。

资产管理的资金配置，第一要看追求怎样的收益——追求高收益自然会有高风险，追求稳健可以去买银行理财；第二要看这笔钱是追求短期稳定收益，还是长期可能带来的高收益，不同的资金持有时间和不同的收益要求决定了 LP 的资产配置方式。

假设一个企业家 LP 有 1 亿元的资金，对股权投资有浓厚的兴趣，对短期现金流没有特别强的需求，但是又有保本的想法，那么他手里的资金全部都可以进行股权投资。他可以通过以下两种方式来管理：一种方式是自己掌控做直接投资，可以撬动一些杠杆。另一种方式是作为 LP 投入 50% 到 PE 类投资机构，获取较为稳健的收益；投入 40% 到 VC 类投资机构，获取风险较高、可能是爆棚型的收益；投入 10% 到天使投资，按照天使投资的逻辑，投 100 个天使项目，只要有一个能够覆盖全部投资就是胜利。这样的操作，"资金池"是固定的，不看单个项目，要看筛选出独角兽的概率。

以此推论，VC 就是 20 个失败能有 1 个覆盖就好，PE 基本就是希望投 1 个成 1 个。当然，很多时候企业家没有那么理智，也没有那么多家族办公室能给出中肯、科学的建议。话说回来，对股权投资这种非标的产品，谁的建议最后都有可能是不好的建议。

有太多知名的投资家投了后来爆仓的项目，也有太多的知名投资家错过了很多独角兽，乃至超级独角兽的投资机会，这样的例子很多，只不过新闻媒体都没有公开报道罢了。很多时候，投资成功靠的是运气——所谓运气比常识更重要一些是有道理的。

投资机构在向 LP 汇报时，都希望把 ROI（Return on Investment，投资回报率）同 ROE（Return on Equity，净资产收益率）相结合，账面利润与现金流相结合，构建合理的投资组合。理想很丰满，但是现实很骨感。对于专注于某一行业某一阶段的投资机构而言，很多项目的投出都是随机性的，不同的优质项目的窗口开启时间、融资金额、释放到投资机构的额度、估值高低、测算收益情况也各有不同。把投资组合打开来看的时候，资金使用效率的提升是给 LP 业绩回报最重要的要素之一。

如果做一只大基金，LP 相同的情况下 LP 数量越多越可能在后续存在夭折的风险。假如其中有地方政府的产业引导基金，有民企的资金，有第三方财富机构的母基金，还有国企的资金，假设某国企或地方政府领导更换，就有可能出现不认可前任签署的出资意向函和有限合伙协议（Limited Partnership Agreement，简称 LPA）或其中某几项条款的情况。原计划能够做到 50 亿元的基金盘子，约定 LP 们分三年 40%、30%、30% 比例完成缴款的情况下，可能在成立 20 亿元基金的时候就无法继续推进，或者在后续打款时需要更换现有 LP。更换后的 LP 是否还认可之前已经投资出去的项目，愿不愿意接受上一个 LP 的比例，甚至接受上一个 LP 加部分固定收益退出后的 LP 份额，这都是未知数。比较可行的做法，就是将之前按 40% 成立的基金产品作为一个单独的产品，新的基金重新募集。这样的话，原来参与的

LP 也需要重新过一次会。在这些机构里，换领导或企业投资策略调整的变数同样存在。

投资机构发行的某类产品是一次性打款到位的，在账上的闲置资金也要无差别地应用起来，如果不能够及时投出去，会影响基金的整体 IRR，换言之，会直接影响到基金管理人和 LP 的收益。除非该基金为基于单一项目的基金，或者是属于其他特殊情况。这时候，就应该由基金管理人提出现金管理计划，按照章程规定采购低风险产品，进行临时投资，以避免资金阶段性闲置，提高资金使用效率。现金管理需要简化流程，授权管理人在授权范围内完成对款项的划转。鉴于本金不能出现任何风险，为了确保资金安全和流动性，临时投资品种主要包括：银行协定存款、七天通知存款、三个月定期存款、货币型基金、国债逆回购、固定收益银行理财产品，或者董事会审议批准的其他低风险类投资产品。这些品种既能保持流动性，又能有一定的资产收益来降低财务成本，此外，需要财务配备专门人员来执行这部分资金的配置使用。

基于上述原因，现在流行的趋势是大基金采用打款制，小基金可以一次性到款，也会尽量保证有超过一半的储备项目在窗口期，确保款到直接可以投。还有一种方式是做大基金的盘子，再分割成多期小基金，这样既能使基金募集顺利关门，又能减轻 LP 的一次性出资压力，同时也能减轻投资机构的投资心理压力。

不过，这种模式在很多政府引导基金层面无法适用，政府过会基本只会过了一期再过下一期，一方面是因为每一期的 LP 组成可能有所不同，另一方面是可能会更换不同的政府引导基金。当地政府会把成立的有限合伙管理公司设立在当地，这也是很多分期基金有可能将管理公司设立在不同地方的原因。

投资机构不管拿的是哪类 LP 的钱，无论是财政系统的出资，还是民营老板的出资，也不论闲置资金是用在理财产品上，还是投在头部企业身上，要清楚 LP 的诉求只有一个，就是每一笔钱都能取得高收益，因此要"把手里的资金用到刀刃上"。

5. "宝贝儿子"变成"金主爸爸"的规律

"宝贝儿子"是对投资机构花心思投钱投精力培养出来的上市公司的昵称，"金主爸爸"是业内对出资人的一种爱称，并不存在伦理上的占便宜，只是变相地传递出各自的需求。随着能力和实力的增长，以及在资本市场上实现价值的不同阶段，这两种角色的转换也变得很平常。

作为 LP 出现的上市公司或实际控制人并不是只能组建纯粹的并购基金，也可以设立产业基金。既然成了纯 LP，那就是为了博取长期的投资收益，与优先并购和市值管理关系不大，不但要考验投资机构创始人历年以来陪同上市公司成长而积累的信任感，而且还要考虑到团队本身的业绩。

不管怎么说，LP作为甲方，总是有反选的权力。市面上有大量业绩优良的基金管理人可以选择，因此基金管理人要给一个能够说服自己或董事会的理由。

出于关联交易和独立性的考虑，上市公司不会自己做基金管理人，虽然会设置投资部门，但还是需要让专业的人做专业的事情。上市公司团队更关注的应该是主业的成长，而不是所谓的投资管理规模的大小。有丰富经验的投资人作为管理人，更在乎基金管理规模的增长，有"子弹"在手才能更有底气地与合适的标的见面，在估值、谈判上去发掘适合的项目。在专业性和互补性上，上市公司则具备更多的发言权，甚至一票否决权。

PE投成功的企业一是独立上市，二是被上市公司并购，从而实现企业自身和PE的价值。在企业实现上市后，其成为LP"金主爸爸"的时候到了，陪伴企业成长的天使、VC或PE都是可以作为闲置资金的基金管理人选，因为它们熟悉行业、熟悉企业的上下游产业链还有竞品，所以更能选出适合的项目对象去投资。

除了做纯LP之外，还有一些上市公司倾向于直接参股到投资机构里面，而不是参与到具体的产品里。在经过对投资机构过往投资项目和投资收益的研判后，对投资机构本体进行参股，成为投资机构的股东也是双方一种更深层次的利益绑定。

例如，深圳市创新投资集团有限公司（以下简称"深创投")公司启动了引进战略投资者的增资扩股后,大众公用(600635)、深圳能源(000027)、广深铁路(601333)、中兴通讯(000063)、七匹狼(002029)、盐田港(000088)纷纷入股;电广传媒(000917)控股子公司深圳市荣涵投资有限公司持有深圳市达晨创业投资有限公司75%的股权;浙江天堂硅谷创业投资有限公司的股权结构中,钱江水利(600283)、天通股份(600330)、钱江生化(600796)等均有参股。

在创业投资(以下简称"创投")中占据股东地位,不但可以从立项开始就能关注到投资机构筛选出的项目,在其中优先挑出比较契合自身发展方向的优质企业,还可以用自有资金或自己的产业、并购基金进行联合投资,跟投资机构洽谈不要管理费和分红(no fee no carry)的跟投份额,实现投资和收益的加磅。

上市公司本身参与私募基金,需承担相应风险及义务。首先是可能对后续再融资有影响。2016年2月,证监会在《关于上市公司监管指引第2号有关财务性投资认定的问答》中规定,对于上市公司投资于产业基金,以及其他类似基金或产品的,如同时属于两种情形,应认定为财务性投资:一是上市公司为有限合伙人或其投资身份类似于有限合伙人,不具有该基金(产品)的实际管理权或控制权;二是上市公司以获取该基金(产品)或其投资项目的投资收益为主要目的。

2017 年 2 月 17 日证监会发布的《发行监管问答——关于引导规范上市公司融资行为的监管要求》中规定，上市公司申请再融资时，除金融类企业外，原则上最近一期末不得存在持有金额较大、期限较长的交易性金融资产和可供出售的金融资产、借予他人款项、委托理财等财务性投资的情形。也就是说，如果上市公司参与私募基金，如被认定为财务性投资，会对后续再融资产生影响。同时可能会在未来的并购过程中发生交叉持股问题。

如果基金的最终退出方式不是独立 IPO，而是主要通过并购标的注入该上市公司后实现退出的话，可由上市公司支付现金、发行股份，或者以发行股份配套募集资金的形式完成。如果该上市公司作为基金 LP，在并购基金所投资的标的以换股的方式注入上市公司实现退出，就会造成交叉持股的情况。实践中，监管部门对交叉持股情况会特别关注，会要求公司采取相应措施予以规范，这里面就很有可能发生股价偏离公允价值的情况，也有可能发生利益输送的情形。

为了防范对上市公司带来的各种风险，从而影响资本市场定价公允性，监管部门对上市公司参与私募基金，或者作为股东角色出现的 LP 要求非常严格，要求上市公司增加大量披露义务。

根据上海证券交易所《上市公司与私募基金合作投资事项信息披露业务指引》第三条，上市公司与私募基金发生下述合作投资事项之一的，除按照《股票上市规则》等相关规定履行信息披露义务外，还应当遵守本指引的规定：第一，上市公司与私募基金共同设立并购基金或产业基金等投资基金；第二，上市公司认购私募基金发起设立的投资基金份额；第三，上市公司与私募基金签订业务咨询、财务顾问或市值管理服务等合作协议；第四，私募基金投资上市公司，直接或间接持有上市公司股份比例达到 5% 以上；第五，本所规定的其他合作投资事项。

因此，上市公司参与私募基金，应按照《上市公司与私募基金合作投资事项信息披露业务指引》的相关规定履行披露义务，指引规定的义务很多，在此不一一赘述。下面的例子很能说明问题。

某上市公司（以下称"该公司"）在上市之前就做了多轮并购，其实际控制人在前一个东家处实现了财务自由再创业的时候，就开始着手设立了由实际控制人自有资金和实际控制人朋友的资金作为主要构成的并购基金，迅速在母公司体外孵化了几个产业链条上的优质公司，一再地并购重组也渐渐让这家投资机构出了名。在实际控制人的控制权未有明显变化的情况下，完成了行业版图的迅速扩张，也因为并购的企业能够与母公司产生业务协同，关联交易也能够讲清楚其公允性，几轮的操作使得该公司上市前保持业绩直线增长。

由此，实际控制人对"并购是企业成长最快捷的手段"

深信不疑，刚一上市就宣布成立产业并购基金，广征业内投资机构来做管理人。对管理人的要求是熟悉该公司所处的行业，对其未来的战略方向有清晰的认识和认可度，历史业绩卓著，能够出40%的自有资金，或者能募集到40%的资金。

该公司给予的条件是可以对所投项目按照市场化估值优先选择并购退出，该公司提供30%的自有或募集资金，剩下的30%由其所在地的市区两级政府产业引导基金来完成出资，该公司做纯LP，要求有一票否决权。由于公司属于新能源汽车产业链，为投资的风口，是地方政府和投资机构的宠儿，很快就有投资机构愿意接招。

对于投资机构而言，这种合作等于抱上了一条大粗腿，多了一条投资退出通道，多了30%的资金做LP。通过该公司对当地政府的公关和申请，可以更大概率地得到当地政府的产业引导基金份额，这对双方而言完全是互利互惠的合作。

在经过多轮竞标后，该公司最终选择了之前就曾经在自己身上加过磅的某投资机构，毕竟在多轮并购过程中，该投资机构作为投资顾问和联合投资人多次帮过实际控制人；在进入联合投资的企业时，该投资机构也主动地向实际控制人靠拢，成为隐形的"一致行动人"，在得到应得的收益后，拱手把股权优先转让给了实际控制人。这样可以让该公司把上市前储备的好资产顺利地收入囊中，给市值管理带来一些积极的影响，也能让产业化链条延伸得更长，规模化集团化对竞争对手而言也形成了很大的压力；同时在A股市场上增加了更强更多的炒作概念，有利于下一步的定向增发或各种再融资形式的开展。

基于"鸡蛋不能放在同一个篮子里"的原则，除了"优先并购"是该公司的一个选项外，"长期投资收益"也是其诉求之一。作为LP，财大气粗的该公司陆续选择了几个头部的投资机构，并且拿到了大批独角兽项目的跟投份额，反过来也成了很多未来在科创板上市的公司直接和间接的股东，赶上了这一波科创板的浪潮。

IPO是投资机构最佳的退出路径，可并不是唯一的路径。首先，推动企业公开上市需要的时间周期相对较长，可能需要三到五年；其次，根据监管机构斟酌修改后出台的限制出售的条款（即只有在公开招股后的一定时期后才能自由出售其所拥有的股份），限制了资本的流动性，这使得退出时的二级市场表现至关重要，可能会因为大盘原因造成一、二级倒挂的现象；再次，被投公司实现公开上市，要受自身业绩发展情况、规范性调整成熟度、监管制度变化和资本市场行情的影响，还需要支付给保荐券商、律师事务所、会计师事务所等中介机构高额的服务费用，其间要维持持续经营且实现稳步增长，需要达到的标准比较烦琐，过程也比较长。

通过上市公司参与基金的形式，如果上市公司能够把通道打开，接纳愿意委身于上市公司的企业，对于被并购企业而言也算是间接上市了。这些流动性差的非上市公司股票即时变成了流动性强、有明确市场定价、可以分期变现的上市公司股票。两全其美，何乐而不为。

（八）LPA 核心条款讲解

LPA（Limited Partnership Agreement，有限合伙协议）是成立一只基金产品最终要签署的法律文书，等同于基金内部的"宪法文件"。其作用是约束全体合伙人，既锁定了普通合伙人的权利和义务，也明确了有限合伙人的权利和义务，以及保护自身权利的做法和应该承担的责任。

LPA 是有限合伙最核心和最重要的法律文件。附属性质的文件还有认缴意向书（Letter of Intent，简称 LOI）和补充协议（Side Letter）等，都是在 LPA 的认定下做出的法律文书。这也使得关于 LPA 的谈判可能会旷日持久，仅是普通合伙人和有限合伙人的内部流程也要走上几个月。

下面对于 LPA 里面的核心条款做一些说明。在此先列出构成基金成立的要素图（如图 1-1 所示）。

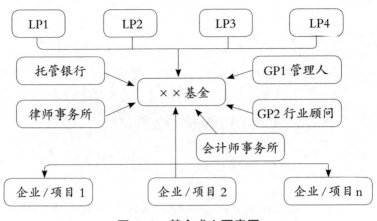

图 1-1　基金成立要素图

1. 普通合伙人、执行事务合伙人和基金管理人

GP 在基金里面是普通合伙人。在单一 GP 管理的基金中，普通合伙人同时也是执行事务合伙人与基金管理人。基金管理人是中国证券投资基金业协会（以下简称"协会"）备案的要件，也就是说，GP 必须是在协会登记的私募基金管理人。GP 承担着募、投、管、退全流程的工作，责任最大。项目团队的组建和管理、投资项目的锁定和投出、交易架构和退出方案的设计、投后管理的工作都由 GP 完成。

在组建基金比较困难的时候，市场上除了部分母基金和地方产业引导基金外，基本上已经没有单纯的 LP 出资人了。拼盘组建基金，双 GP 管理也成为一个选项。双 GP 情况下，一个 GP 担任执行事务合伙人与基金管理人，类似于公司的法定代表人，承担最大责任和义务；另外一个 GP 负责募集资金或提供项目来源考察项目又或者两者兼有。从项目备案便捷的角度，只设一名 GP 作为执行事务合伙人与基金管理人，另一个 GP 作为行业顾问的角色出现是更好的选项。管理费和 CI 的分配比例，按照双方的贡献度进行划分。

2. 基金出资、规模和存续年限

基金中，LP 是主要出资方，承担了支付管理费的义务，同时也拥有基金经营情况知情权、获得投资收益与转让合伙利益的权利。GP 是管理机构，也承担少部分资金的出资义务。

通常情况下，LP 出资比例在 98% ~ 99%，GP 出资比例为 1% ~ 2%。GP 的出资是必要的，一方面可以使基金管理人自己的钱参与进来，能让合作更紧密，一荣俱荣，一损俱损；另一方面也体现了 GP 方的实力和诚意，令 LP 更加放心。

在基金正式成立前，出资各方需要出具出资意向函承诺出资，认缴实缴制度已成为行业标准，或者直接签署 LPA。

在操作时，首轮募集资金一般会快速投资于前期储备，并且已经进入尽职调查、立项阶段，可以迅速过投决会的投资项目。基金后续寻找、筛选并投资的项目，基金管理公司会根据实际情况向基金出资人发出缴纳通知（Capital Call）。

在承诺出资后，基金出资人将在基金投资期内，根据管理公司的出资缴款通知书分批缴纳资金，直至累计的实际出资金额达到之前各出资人承诺出资的总额为止。在资金紧张、情况多变的形势下，基金管理人还需要考虑各出资人出现延迟缴纳出资的情况，以避免因为部分资金不足无法投出，因而失去项目投资机会的情况发生。

基金规模大小通常是在衡量了基金管理人实力、投资阶段和方向，与多家潜在LP沟通后确定下来的。至于出资，可以一次性到款，也可以一次过会分次缴付。现在通常的做法是首次出资比例40%，首期出资时间根据GP通知确定，剩余认缴出资根据基金出资节奏设定为30%、30%，三年内实缴完毕。

股权投资基金的存续期长短取决于募集资金的LP类型，以及投资哪个阶段的企业。后者更被看重。如果投成长期和成熟期的项目，可以设定基金存续期为七年，其中投资期五年，退出期两年。基金管理人可根据项目进展决定延续一到两年。如果投早期项目，则设定为十年期也不为过。

3. 管理费

按照通常做法，管理费包含在合伙人出资中。每年的管理费额度按如下方式计算：投资期内每年的管理费以合伙人认缴出资额之和的2%计算；退出期内每年的管理费以截至相应的管理费应付之日，合伙人实缴出资额中用于分担尚未退出投资的项目本金之和的1%～2%计算。

前述管理费额度计算中，如有不满一年的情形，当年管理费额度按实际天数占全年天数的比例折算。基金设立当年，管理费应自基金完成工商注册之日起 15 个工作日内完成支付；设立次年起，管理费于每年年初完成支付。

4. 收益分配

通常做法是，基金设定门槛收益率（Hurdle Rate，又称优先回报）为 8%，当各合伙人年化收益率不达门槛收益率时，GP 不参与收益分配。当合伙人年化投资收益率超过门槛收益率时，按照一定比例进行收益分配。

具体而言，在基金有现金收入的情况下，收益分配顺序如下：按 LP 的实际出资比例分配给各 LP，直至各 LP 分得的现金等于其实际出资额；按 GP 的实际出资比例分配给各 GP，直至 GP 分得的现金等于其实际出资额；向 LP 进行分配，直至各 LP 分配的现金达到实际出资额的最低收益额；向 GP 进行分配，直至各 GP 分配的现金达到实际出资额的最低收益额。

为了体现对 GP 团队的激励，如在完成上述分配后仍有余额的，则该部分余额视为超额收益，超额收益按照如下方式向合伙人分配：对超额收益超过 8%（不含）~ 15%（含）的部分，GP 分得 20%，剩余 80% 按各 LP 实际出资比例分配；对超额收益超过 15%（不含）的部分，GP 分得 30%，剩余 70% 按各 LP 实际出资比例分配。

超额收益回拨机制，即对于 GP 应分得的超额收益，70% 直接分配给 GP，基金留存 30%，用于弥补其他项目亏损，待基金清算后再行分配。

5. 投资方向、投资标准及投资禁止约定

在不同基金设立时，可以按照 PE、VC、天使投资等基金管理人的偏好来设立新的基金产品，投资方向可以是医疗健康、高端制造、TMT、文化消费等行业，只要不违反国家法律和公序良俗的方向都是可以选择的。

投资标准是：行业领导者，具备一定的门槛；具有先进的技术，可配合国内技术升级；具有产业整合价值；符合国家战略布局；风险预期可控；收益预期良好；可规避的政治及法律风险。

股权投资基金根据协会备案的规定，一般不得开展以下业务：从事融资担保以外的担保、抵押、委托贷款等业务；投资于二级市场股票、期货、房地产、证券投资基金、评级 AAA 级以下的企业债、信托产品、非保本型理财产品、保险计划及金融衍生品；提供赞助、捐赠；向第三方提供贷款的资金拆借；进行承担无限连带责任的对外投资；从事国家法律法规禁止从事的业务；投资于不符合国家发展规划、产业政策、用地政策、环保政策、总量控制目标、准入标准的项目；投资于土地一级开发和没有产业导入的住宅、商业地产、工业园区等房地产开发项目。

6. 重新设立基金管理公司的治理结构和投资结构设计

如果出资方一拍即合，A 公司和 B 公司分别作为股东成立新的基金平台来完成市场化队伍建设，同时又能增强基金的掌控力，在新设基金管理公司层面，需要对公司治理结构进行设计，以满足各方股东的需要，同时适应重新申请基金管理人牌照之需。

（1）治理结构

基金管理公司设立股东会和董事会。董事会设 5 个董事席位，其中 A 公司推荐 2 名董事（其中 1 名为董事长），B 公司推荐 2 名董事，管理团队推荐 1 名董事。董事任期三年，经股东会选举可以连任。公司不设监事会，设监事 1 名由 A 公司推荐，股东会选举产生。公司设总经理 1 名，由 B 公司推荐，董事会聘用。

①董事长的职权范围

主持和召开股东会，并负责会议决议的贯彻落实；组织董事会讨论和决定公司的发展规划、经营方针和投资方案；组织董事会讨论和决定公司的年度经营目标和利润指标；组织董事会讨论和决定公司年度财务收支预算与年度利润分配方案；组织董事会制定公司增加或减少注册资本的方案及发行公司债券的方案；组织董事会讨论和制定公司合并、分立、解散及清算工作的方案；组织董事会讨论公司章程的修改；定期审阅公司的财务报表和其他重要报表；组织董事会讨论公司的基本管理制度；签署对外上报、印发的各种重要报表、文件、资料；处理其他由股东会授权的重大事项。

②总经理的职权范围

主持公司的日常经营管理工作，组织实施董事会决议；组织实施公司的经营计划；制定年度财务收支预算与年度利润分配方案；定期向董事会汇报公司业务经营状况，并编制董事会要求的业务报告；制定公司内部管理机构设置方案和公司各项基本规章制度；任免除法律法规规定由董事会任免的管理人员以外的其他管理人员；决定管理团队的工资、考核及奖励方案；董事会授予的其他职权。

（2）董事会决策事项

新设基金管理公司需要平衡 A、B 两方股东的利益，也要防止一家独大的风险，这就要在公司章程中约定好需要董事会一致同意才能通过的事项。

有关基金的关键决定（包括但不限于以下事项）须经董事会一致同意方可做出：改变本基金的发展战略和修订基金的《合伙协议》；在本基金架构下设立新的子基金或参与别人发起募集的基金；雇用 / 解雇董事长、总经理，并决定管理层团队的整体报酬（包括奖金）计划；分红的宣布 / 支付；审阅和批准运营预算和审计账目；吸收新的基金投资者或改变本基金既有投资者的权益；本基金实体和关联方交易；就起诉任何本基金实体的诉讼进行和解。

管理团队市场化聘任，由董事会选聘总经理等高管人员，同时制定公司市场化的聘任、绩效考核、薪酬激励制度，严格执行，确保公司团队的市场化与专业性。

（3）基金管理团队基本人员配置

新设基金管理公司团队应按照投资业务需求进行人员配置。采取市场化的运作方式，择优录取，两方股东也可以内部筛选合格员工进入投资团队，团队构成以专业投资人员为主，辅以少量的财务、风控等中后台人员（如表1-2所示）。

表1-2　管理公司未来一年预期人员需求表

时间	第一季度	第二季度	第三季度	第四季度
董事长	1	1	1	1
总经理	1	1	1	1
董事总经理 / 执行董事	1	1	1	1
投资总监	0	0	0	1
投资经理	1	1	1	1
投资助理	0	1	1	1
中后台	2	2	2	2
合计	6	7	7	8

（4）投资决策机制

基金管理公司设立投委会作为项目投资的主要决策机构。投委会是基金管理公司董事会的下设机构，负责基金项目投资、退出等重大事项决策，由 7 名委员组成，其中 A 公司推荐 3 名委员，B 公司推荐 2 名委员，管理团队推荐 2 名委员，B 公司推荐委员中的 1 名担任投委会主席。

表决方式上，投委会委员以一人一票的方式对项目投资、项目退出等事项作出决议；投资额超过基金总规模 40% 的项目须 7 名投委会委员全部同意，投资额超过基金总规模 20% 的项目须 5 名以上（含 5 名）投委会委员同意，其余项目需 4 名以上（含 4 名）投委会委员同意。

7. 回拨机制

回拨机制（Claw Back Provision）是 GP 对 LP 收益负责的承诺，GP 也会在 LPA 协议中对回拨机制做出约定。对于项目，取得收益即分配，取得超额收益时分配 CI（附带收益）。若后续项目投资退出时收益率波动，导致最终基金结算时综合计算基金，GP 应分得的 CI 低于实际已分得的 CI 时，已分配给 GP 的 CI 应回拨超出部分，并将该部分按比例分配给各 LP。这则条款是对 LP 权益的保护，也是 GP 面临的奖惩里面的"惩罚"部分，是从反向对基金管理团队的投资眼光、投资项目质量、风险管理控制水平的一种制约机制。

被投实体企业篇

（一）企业怎么打扮成投资机构喜欢的样子

不管美女还是丑女，不论是年轻还是年长，大都要根据不同的场合化不同的妆容，面对不同的人展示不同的人格魅力。妆容不是欺骗，从某个角度来说也是一种尊重。企业在融资时也是如此，面对政府机关和投资机构，或者是面对银行和客户时，会展现出不同的样子，为的都是把自己最好的一面展现出来，让对方认可自己、信任自己。

1. 机会总是留给有准备的团队

投资机构最爱的企业画像前文已有表述。然而企业知易行难，涉及人的因素时就会变得更复杂，因为有人的地方就有江湖。股份公司不只是资本组合公司（简称"资合公司"），还需要可以互相背靠背信任的稳定团队，团队分工的合理性是公司从无到有、从小到大最强有力的支撑，权、责、利明确是企业内部平衡的基础，也就是所谓的"论功行赏"。

团队合伙人需要支撑起产品研发、技术升级、销售变现、运营管理等重要环节，其中技术研发和运营销售这种

"双子星"合伙人模式是最核心的架构。由一个最重要的经验丰富、具有战略眼光的掌舵人把握方向，在此基础上可以有特长合伙人的延伸，比如根据行业特性需要有做政府事务公关的人、有品牌宣传能力的合伙人等。合伙人各有所长，在公司整体战略规划层面能够依托公司发展的不同阶段，给予整个团队支持和良好的执行力，这样才能符合治理结构完善的现代企业标准。

在团队适当稳定的情况下，其他的要求就相对标准化了——产品满足市场需求、技术升级迭代迅速、销售变现现金流旺盛、运营管理架构合理成熟，这些都可以在合伙人的贡献里体现出来。

投资机构在业务尽职调查时首先看重的是团队的能力，其次就是其稳定性。至于团队成员的能力是不是跟得上迅速成长的企业，这要通过其学历背景、视野眼界、行业经验等进行综合判断。公司和团队合伙人的成长往往是相辅相成的。

大公司出来的团队合伙人未必能够适应小公司的不规范和"唯利是图"。已经成长起来的大公司是经过无数次的纠错才变成现在规范的样子的。如果拿大公司的规范套在成长型的创业公司里，肯定会碰壁。这种心态和思维是每一个从大公司出来的合伙人都应该迅速转变的。平台小了，合伙人手里掌握的资源无法变现，又要顽强地让创业企业活下去，因为没有足够多的产品和人员做支撑，无奈之下，逐渐就做成了集成商。这个时候更多考虑的是生存下去的投入产出比和质量，人均创造的价值能否覆盖成本。先活下去，再论吃得好不好。

在投资机构眼里，做集成的公司肯定不如以技术软件为主要产品的高毛利公司受欢迎。投入研发的费用不是各个阶段的投资人给，就是公司自己造血给，涉及钱的事情不是打打马虎眼就能蒙混过关的。

这时候，团队能否精准地预测未来产品的毛利，就是现实中的问题。未来这张"大饼"所需要的"面、水、芝麻"需要团队精打细算地预计出来。在拿到投资之后，解决了运营管理、员工工资、研发费用的后顾之忧，再把主打产品的推广费用拿到手，才能让前面所有研发和管理的成本变成现金。现金回笼后不管是用于改善办公环境还是提高员工工资，都是不错的选择。

一些有心的团队抓住了投资机构的心理，现在的创业企业，特别是医药研发类企业虽有开发周期长和盈利能力缓慢的特点，但抓住科创板这个风口，投资机构的关注度就会有不小的提升。他们在早期技术创新型企业的商业计划书中，都会把科创板上市标准反推到自己的业绩预测中去，以此来推定本企业上市的时间。

根据《上海证券交易所科创板股票发行上市审核规则》，发行人申请股票首次发行上市的应当至少符合下列上市标准中的一项：一是预计市值不低于人民币 10 亿元，最近两年净利润均为正且累计净利润不低于人民币 5000 万元，或者预计市值不低于人民币 10 亿元，最近一年净利润为正且营业收入不低于人民币 1 亿元；二是预计市值不低于人民币 15 亿元，最近一年营业收入不低于人民币 2 亿元，且最近三年累计研发投入合计占最近三年累计营业收入的比例不低于 15%；三是预计市值不低于人民币 20 亿元，最近一年营业收入不低于人民币 3 亿元，且最近三年经营活动产生的现金流量净额累计不低于人民币 1 亿元；四是预计市值不低于人民币 30 亿元，且最近一年营业收入不低于人民币 3 亿元；五是预计市值不低于人民币 40 亿元，主要业务或产品需经国家有关部门批准，市场空间大，目前已取得阶段性成果。医药行业企业需至少有一项核心产品获准开展二期临床试验，其他符合科创板定位的企业需具备明显的技术优势并满足相应条件。

上述标准确实非常诱人，所以，如果团队所处的行业属于半导体、医疗等硬科技行业，又能够拿出具有说服力的支撑业绩和研发比例走高的证据，是有可能获得投资机构青睐的。

投资机构喜欢"狡猾又实诚"的团队，这是一种微妙的感觉，太实诚的团队做不好业务，太狡猾的团队可能会想出各种招式来欺骗投资机构。团队里面做市场的狡猾一些，做技术的实诚一些，掌舵人既狡猾又实诚可能是一种中和选项。

　　不管怎么说，企业获得投资都是一种或然的选项，不是每个成长阶段都能得到知名投资机构青睐的。企业面临的生存考验每时每刻都存在，形成自我造血的机制非常有必要，某大客户晚打几天款带来的风险就可能让企业面临破产。

　　有一些指望外部资金来救急和扩张的企业，在现金紧张的情况下，也是不太可能获得"嫌贫爱富"的投资机构救援的。在投资机构眼里，急吼吼地想要拿到钱的企业本身可能就存在问题，正所谓"无事献殷勤，非奸即盗"，太热情的企业在投资机构眼里往往是应有所戒备的。

　　可是作为甲方，在认为不是特别值得投资却又非投不可的企业面前，又受不了被冷漠应对，投资机构对企业这种矛盾的心理始终贯穿于考察项目的整个过程，套句网络上流行的话就是"有钱人的快乐就是这么朴实、无华且枯燥"。

2. 漂亮的商业计划书由哪些内容构成？

　　经常有人说，"某人靠着十几张 PPT 就拿到了几百万美金的融资""某些公司就是 PPT 骗子公司"，不知道为什么投资机构会选这种华而不实的公司。其实哪有那么傻的投资机构，PPT 只是辅助手段，一定是团队的某几个因素打动了投资人。不过，做一份好的商业计划书是面子，也是能够将创始团队对企业的设计构思、实际操作方式都展现出来的必需品。漂亮的计划书跟漂亮的人一样，都是讨人喜欢的。

　　商业计划书一般由项目概况、投资亮点、行业分析、业务板块、团队介绍、财务现状及预测、上市及融资计划等构成。用通俗的话讲就是：我是谁，我能做什么，我要多少钱。

（1）项目概况

项目概况把企业的简介阐述清楚即可。一般由公司的发展历程开启，将公司的关键发展节点描述出来，包括关键技术突破、关键渠道拓展、获得某些奖项、与外部科研机构合作等。此外再简单地描述企业所处行业、行业中的地位、主营业务情况、工厂分布、战略协议签署情况等。

（2）投资亮点

投资亮点是商业计划书中核心的部分，也是项目能让投资机构发现可以放胆去投的、具备闪光点的地方。

这部分内容放在项目概况后面，能更好地吸引投资人的注意力，让投资人能够打起精神继续往下仔细看。其实投资亮点跟投资机构立项报告中的投资亮点有异曲同工之妙，有的时候立项报告里面的亮点就是从商业计划书的投资亮点中提炼总结出来的。

此部分内容，可以重点渲染技术的突破性和先进性、团队人员构成完美且互补、专利和软件著作权情况、商业化能力位列行业前茅、主营业务覆盖行业重点客户、是行业的领军企业、布局了上下游生态链、业务的稳定性强，等等。

（3）行业分析

行业分析展示的是行业现状和发展前景，需要对行业市场容量，也就是"天花板"有基于官方统计数据的阐述，可列举国家和地方政策予以行业扶持的分析，说明本行业正处于高速增长状态，发展空间广阔，对应公司在行业内细分领域的市场容量最好也要有官方数据论证。

通过分析行业痛点、难点和未来发展的趋势，列举具备哪类特征的企业是可能被淘汰的，而具备类似自身特征的企业则会逆流而上、顺势而起，达到行业与企业自身优势良好结合的效果，强调只有具备自身这种特质的企业才能在行业内如鱼得水。

（4）业务板块

业务板块是对企业主营业务和相关业务的阐述。找出公司主营业务在行业中的定位，详细分析各个板块不同的核心产品，并论证核心产品在实际效果上与竞争者相比的优势，由此得出核心产品之所以能够打入优质渠道并迅速铺开的深层次原因。

业务板块中可以列举主要产品与市场上知名同类产品的优劣势对比，产品销售网络和销售模式的优势所在。列举几个有代表性的工作案例会让投资机构有更直观的感受。另外，国内知名机构用户或政府客户的 LOGO 可以放在主要客户页面。

（5）团队介绍

企业要对此做详尽描述，让投资机构对企业的人才储备心里有底。创始人光鲜亮丽的简介是企业之所以能够把计划书递到投资机构手中的关键，也是企业成长到这个阶段最大的依托。创始人的学历背景、工作经历、曾获奖项、负责或参与过的重大项目、荣获的各种荣誉、主导及研发过的突破性产品、发表过的论文数量，都会成为支撑项目走下去的背书。团队其他成员的经历也可以做类似描述。

（6）财务现状及预测

财务现状及预测是汇总历史业绩并预测业绩将"暴增"的描述。这部分内容比较简单，就是将过去三年和制作商业计划书时上个月的各业务板块和公司总的营业收入、利润总额、净利润、毛利率、净利率等列表呈现出来，各板块业务收入构成在上述表格中可以体现得细致一些。然后预计未来三到五年的业绩增长速度和金额，最好也有一个有依据的预测数据。必要的情况下，可以将支撑这些预测数据的拟签订合同列举出来。如果尚未盈利，就将尚未盈利的主要原因和未来能够盈利的年限和原因描述出来。

（7）上市及融资计划

上市及融资计划是投资人对企业匹配资金的判断关键。这部分包括融资规模、企业估值、资金用途、上市时间安排和退出方式等。投资机构看到估值和退出时间时想到的就是投入的资金什么时间能退出，退出时能够拿到多少收益。

企业应该帮投资人考虑清楚一切，这样在估值上就能得到一个相对能接受又有讨价还价空间的价格。融资来的资金要能够条分缕析地把用途列清楚，以说明企业拿到钱并不会大手大脚地乱花，而是会将更多的资金用到技术研发、招兵买马、拓展市场及补充经营性现金流上。

退出方式是要看企业选择在 A 股主板、创业板，还是在科创板上市，如果去中国香港和美国上市，面对的投资机构也会有所不同，估值和融资额的币种也都要做相应调整。

对于企业和投资机构而言，商业计划书是能否进行进一步沟通的前提，有些投资机构在看到不能简单明了地列出关键事项的计划书时就直接放弃了，没有"眼缘"的计划书就相当于拆除了企业和投资机构之间沟通的桥梁。

因为商业计划书的瑕疵，投资机构认为没有什么项目是必须要投的，如果企业也认为投资机构很多，没有哪一个是必须要有的，那就真的得不偿失了。

一份漂亮的商业计划书一定要有充实可信的内容填充，只有这样这份计划书才能有魅力、有价值。

3. 能揣摩出投资人心思的企业不简单

无论投资机构是什么心思，最终揣摩出资人心思的还是要靠团队，因此团队的心理状态和融资理念会影响整个融资进程。诸多投资机构无非是根据投资阶段的区分和行业的不同去进行判断，而优质的企业，三百六十行里行行都有。优秀的企业家大多都很少主动去迎合投资机构，反而更专注于主业的发展，团队里往往需要有一个熟悉资本市场的合伙人或副总来主要应对和寻找投资机构。这类合伙人或来自股权投资基金，或来自产业公司的投融资部，至少在同行业投资圈里要有大量的人脉，可以为企业铺好路、寻找到更多的投资者。

（1）把握大势，不走弯道，术有专攻

企业要搭建合理的估值模型，做好漂亮的宣传材料，做到真实的财务预测，而不能靠"拍脑袋"想出来的估值逻辑和成长业绩，这是"术"；找准适合自己的投资机构，摸清楚谁有钱谁没钱，不浪费时间精力去路演，将企业成长的每一个节点都通过业绩或产品进行升华和渲染，这是"道"；把握国家政策脉搏，找出企业发展符合国家战略方向的部分，尽其所能地往高科技模式上靠，这是"势"。

然而，很多企业家不屑于与投资机构打交道，这就需要金融专业性比较强的董秘，或者 CFO（Chief Financial Officer，首席财务官）作为合伙人来处理专业的投融资事宜。

除了内部要有一个懂行的管理层之外，企业也要明白再强的堡垒都可能在内部被攻破的道理，即要找到投资本行业最专业的投资机构，再锁定里面中高层的投资人，只要建立多次有效的沟通，基本就能摸清楚本企业在投资人心中所处的位置，适于哪一类的投资机构，以及哪类机构有钱且有意愿把钱投给自己。若能够请专业人士帮忙做好投融资平台，就等于组建了自己的外部投融资合伙人团队，对本企业融资而言必然事半功倍。

企业在决定要走资本市场这条路后，需要进一步摸清楚上哪个板块合适、上市的条件是什么、现在自己处于什么阶段、融资多少合适等，这些都是需要核心团队，或者外部财务顾问经过认真全面的尽职调查才能设计和确认的。

（2）企业既要学会"恋爱"，懂得示弱，也要懂得示强

在优质项目面前，投资机构都是乙方。好女不愁嫁，好男不愁娶。

企业家的自信源于对企业本身发展的可控和对未来美好的预期。投资机构也有属于自己的判断，深耕于某个行业的投资机构也许比初创企业的资历还要深，但是对于浸淫同行业十数年甚至数十年的企业家来说，投资机构还都是"弟弟"。

投资机构都在费尽心思寻找行业里的领头羊，从投资逻辑上来讲，好的投资人是不可能放着好的企业不投的，有时候宁缺毋滥，也是为了让手里掌握的每一分钱都能赚到更多钱，因此心态上和行动上会有不同。

通常来说，假如你是好企业，就会被很多投资人围绕

着，投资机构也往往会用尽招数试图得到投资份额，比如给企业介绍客户，给企业提供投贷联动资源。

作为明显能给投资人带来良好回报的企业，它也非常明白自身的稀缺性，待价而沽，"谋定而后动"。估值可以要得高高的，前景可以描述得好好的，可谓吊足了投资机构的胃口。另一方面又得谦虚务实，因此腰杆子可硬可软，估值可以调节，额度可以放开，股东也可以适当增加。

虚虚实实，实实虚虚，"一张一弛，文武之道"，用心思抢来的、花钱买来的馍肯定会比白给的馍吃起来更香。

由此推论，投资机构也会在投后管理赋能上更下功夫。下面是一个"实在又漂亮"的好企业的案例。

某工业气体企业，旗下拥有众多专业气体项目公司，提供现场制气、大型管道供应、低温液体供应、瓶装气体及工程服务等多种业务模式；产品种类包括氧气、氮气、氩气、氢气、二氧化碳、特种气体、天然气等多个品种；服务客户遍布电子、医疗、化工、金属、食品饮料、机械制造、照明等多个行业。

一直以来，国内工业气体行业均由外资企业主导，行业整体毛利率相对较高，供气合同期限较长，客户付款账期较短，行业经营环境较好。

除了国有性质秉持的稳健作风以外，企业精细化运营管理能力也处于行业国际领先水平，业务模式比较靠谱，长期合同（合同期 10～15 年）占比较高，均采用"照付不议"结算模式。照付不议是指当客户每月平均用气量未达到照付不议量时，按照付不议量向供气方结算，若超过指定量则按实际供气量结算。该模式保证了供气方在非因自身原因而产生供气量不足的情况下无须面临无法收回成本的风险。

工业气体行业的生产成本主要为电费，为避免因电价波动造成的成本增加，企业通常的做法是与生产线所在地的电力供给企业保持长期稳定的合作，在长期生产中确保电力价格的稳定，从而有效控制生产成本。电厂则由于国内电价一直呈现走低趋势，当然也希望能有长期合同以保证收益的稳定性。同时，工业气体在下游用户具有需求刚性和稳定性的特点，且在原料成本中占比很低，客户对气体价格关注度较低，工业气体企业得以在国内电价走低的情况下，保持成本降低和利润稳定。

目前工业气体行业两极分化较为严重，全球前三大工业气体厂家德国林德集团、法国液化空气集团和美国空气化工产品有限公司的产品占据了 70% 的市场规模。

根据气体圈子俱乐部发布的《2019 中国工业气体行业发展报告》，2019 年中国工业气体市场规模为 1395 亿元人民币，维持在 10% 左右的年增幅，其中，外资气体公司营收占比约为 47.52%。在《中国制造 2025》等政策的推动下，集成电路、平面显示器件、化合物半导体器件、太阳能电池、光纤等新兴行业得以快速发展，工业气体用气数量和种类占比越来越高，拉动工业气体需求稳步上涨。此外，冶金和化工两大传统产业需求占比超过下游总需求的一半，随着供给侧改革的推进，尤其是冶金、大炼化、煤化工行业的产业升级将带来巨大的工业气体需求；"十三五"期间，我国煤化工及大炼化产业在多重因素的推动下，规模化产业投资已成为既定事实。

该企业聘请投资机构对公司进行了包装和策划，在协议条款方面也做出了很多让步，以便让一级市场的投资机构能够很舒服地接受相关条款。

除了国有成分控股的原因，该企业还设计了几个讨喜的地方：一是回购条款方面。虽然该企业是国有性质，按照各地国资委的惯例，是很难安排与投资机构签署回购协议的，但是因为区域领导比较开明，回购条款方面让步很多。标的公司大股东承诺标的公司于2022年底前完成上市发行，如未完成将以10%的单利回购。二是关键员工绑定措施方面。管理层股权激励与本轮增资同步进行，股权激励将以期权的方式实施，总额不超过公司总股本的10%，期权有效期为五年，行权价格为本轮增资价格。本次实施员工持股计划，将进一步绑定企业核心骨干员工的利益，更好地激发员工自主性与创造性，吸引和留住各类优秀人才，为企业的发展注入内生动力和发展活力。关键核心员工拿出真金白银参与本轮混改，且项目估值合理，给投资机构吃了一颗定心丸。

三是条件限制条款方面。程序合法化且能够让步到确定性较强时才进行操作，标的公司完成收购和相关协议签署，以及混合所有制改革方案通过审批后，投资机构启动摘牌程序。四是客户保持稳定。"现场制气"是指专业气体供应商在客户现场建立空分装置，直接向单一客户供应或者通过管道向工业园区内的数个客户供应空分气体，现场制气业务根据行业类别、客户品质、合约期限等因素确定报价，覆盖合约期的财务内部收益率不低于12%，每一年根据当地物价水平调整合同价格。作为该企业主营业务的现场制气项目，大多为超大型客户新建产线的配套项目，整个产线建设耗资巨大，一条产线需投资几百亿元，在建设前已经过客户多年论证，产线停建、停产的风险较低，客户对气量的需求稳定。另外，公司下游客户优质，主要客户在其细分领域均处于龙头地位或拥有较高的市占率，企业运营良好，履约能力较强，从另一方面也对主营业务的可持续发展做了背书。

该企业还适当示弱，给出了较低的估值倍数，非常厚道。项目组对调整后的财务进行预测，企业 2020 到 2022 年归母公司净利润分别为 0.66 亿元、1.04 亿元、1.25 亿元，假设本轮公司投前估值 8.8 亿元，对应 P/E 分别为约 13.3、8.5、7.0，对应 P/B 分别约为 1.5/x、0.7、0.5；假设本轮企业投前估值 10 亿元，对应 P/E 分别为约 15.2、9.6x、8.0x，对应 P/B 分别约为 1.7、0.8、0.6。假设本轮企业融资 6 亿元，

投资机构投资 3 亿元，2022 年 Pre-IPO 融资 3 亿元，2024
年 IPO 轮稀释 15%，项目周期 6 年，退出时间为 2026 年，
对应归母公司净利润为 2.36 亿元，P/E 倍数 23，在企业投
前估值 8.8 亿元的前提下，测算可得项目 IRR 为 20.55%；
在投前估值 10 亿元的前提下，测算可得项目 IRR 为 19%。
这在项目风险较低的情况下，已经是一个非常不错的投资回
报了。

4. 企业估值为什么上不去？

不少企业家经常抱怨说，同行业某商业模式雷同的企业
营业收入没有本企业多，但已被投资机构已认购了多次，已
经超过自己几倍估值了，而本企业在估值上面始终维持在低
位攀升阶段。创始人要管主营业务，还要千方百计多次挖掘
才有投资机构上门，牵扯了很多精力。笔者认为，企业估值
上不去的原因多种多样。

（1）原因一：与投资负责人的偏好相关

战略新兴行业分九个方向，投资机构偏重的方向有时候
会与投资负责人的学历背景、工作背景有关，负责人在选择
方向时，会有选择地向自己熟悉的方向靠拢，其过往的朋友
圈也都分布在这些方向。

（2）原因二：跟行业特性相关

一些投资人对行业比较挑剔，例如较少接触环保类的企

业，原因是环保企业往往业绩比较稳定，净利率都不算高，且很多环保企业做的都是政府业务，在企业家资源上要求较高，也很难在技术上分出高低。再比如新材料行业，虽然新材料是科技提升的重要因素，但是新材料行业投资周期长，大范围推广新材料需要有价格优势和巨大的收益提升才能对现有材料进行替代，还要面临多重竞争对手的"围猎"。

（3）原因三：风口上的猪是可以飞上天的

前些年比较热门的共享单车、造车新势力，这两年的机器人行业，还有比较热门的半导体和医疗产业，都是很好的例子。一方面是因为科创板、创业板注册制等政策助力，高科技企业的估值和上市都能被顺利"吹上天"；另一方面资本的逐利性决定了这类企业估值成长迅速，又能快速上市变现，在二级市场也广受追捧，能够获利退出的概率更大一些。

（4）原因四：LP的偏好影响很大

LP的偏好也是跟着国家政策走的，假如国家政策对遥感卫星发出了重大利好信息，他们也会给GP提相关建议，在投资大方向上更偏向于拥有政策红利的遥感卫星行业。

（5）原因五：企业有没有打动投资人的关键节点

关键节点包括主打产品研发成功，进入大的销售渠道并取得不错的成绩，诸如此类。每个关键节点的促成都需要有资本的助力，因此企业被投资人认可的关键节点有多少，就能够给企业融资带来多大的影响力。

下一轮的估值窗口可以随时开启，但是最好在关键节点发生前开启，这样能让投资人有危机感，觉得现在不投，要是等节点迸发出来，估值至少就要翻一倍了。换句话说，就是现在投进去，节点迸发后投入的资金就能赚一倍。

（6）原因六：没有好的公关宣传

说句玩笑话，市面上有些明星公司三分靠实力、三分靠公关、四分靠朋友圈。公司创始团队即使是同行业的佼佼者，也还需要有好的公关公司或内部公关总监来做好宣传，不少实力强但估值不高的公司很多时候都是吃了这个亏，导致一步赶不上，步步赶不上。

（7）原因七：没有熟悉的投资人朋友

市面上永远不缺钱，也不缺好项目。

做精品投行之所以成功有一个重要原因，就是精品投行的老板们跟各大投资机构的合伙人或 MD 都算熟络。因为投资机构也需要外部机构帮忙寻找适合自己的项目，所以双方很容易一拍即合。

如果创业公司有一两个在投资圈里还算熟悉的朋友，其实很容易在创业初期找到一些融资机会，这也是创业者在创业之前就应有所规划的事情。

上述都是企业估值不高的常规原因，还有一些头部企业、明星公司（比如在人脸识别行业的商汤科技、旷视科技、依图科技、云从科技"四小龙"）被头部投资机构集中投资后，由于很多在它们身上投了大钱的投资机构内部都有"不投竞品"的规则，在同行业同产品序列中再也没有龙头出现的情况下，这些投资机构是不会再有兴趣投资其他人脸识别算法公司的。同样的情况其他行业都有，因此造成了头部企业股东结构里面头部投资机构扎堆，其余中小投资机构只好奔着二线、三线企业去分行业一杯羹的状况。

下面是一个公司资质不错却不能如愿顺利拿到投资的案例。

近几年，军民融合上升为国家战略，商业航天产业链的开放程度逐步提高，国家对于商业卫星发展的支持性政策不断出台。

2015 年被誉为"中国商业航天发展元年"，国家发改委、财政部和国防科工局于 2015 年 10 月 26 日联合印发了《国家民用空间基础设施中长期发展规划（2015—2025 年）》，提出了"支持民间资本投资卫星研制和系统建设""公益与商业兼顾类项目实行国家与社会投资相结合，商业类项目以社会投资为主"等内容，为社会资本进入航天领域提供了政策引导。民企和科研机构有望与航天国家队形成优势互补，在先进技术应用、商业模式创新、降本增效等方面占得先机。

现在看来，埃隆·马斯克（Elon Musk）着力打造1.2万颗卫星组网的Starlink（星链）计划，实现全球无死角全覆盖，已经成为国际民用航天事业的领头羊。2020年4月22日，马斯克旗下的美国太空探索科技公司SpaceX成功发射了60颗"星链"卫星。这是"星链"计划的第7批卫星发射，目前在轨卫星数达422颗，进展神速。马斯克同时宣称，"星链"卫星互联网服务将在3个月内开启内测，6个月内开启公测，"希望明年初Starlink卫星将开始为非洲服务"。

相比较而言，我国卫星产业处在商业化应用的前期，随着我国卫星研制技术的快速提升、下游客户需求的释放，以及数据交易的爆发性增长，卫星，尤其是遥感卫星及空间信息应用行业有望继续保持快速增长。

某遥感卫星高科技企业，主营业务为微纳卫星的制造、卫星大数据运营，作为核心组件制造＋遥感数据综合服务商，是目前中国小卫星制造运营领域鲜有的，具备整星核心零部件自主可控研制、生产、测试、批量生产能力的企业。在卫星小型化，小卫星组网形成规模化星座成为发展热点，以及低成本化、商业化的大趋势下，该企业主营业务符合行业未来的发展方向。其创始团队从国有系统脱身而出，在社会资本的支持下，先后发了数颗卫星，收入水平也达到了同行业前列。然而前后经历了三轮融资后，虽然估值也升到了近 5 亿元，但是跟同行业竞争公司相比，该公司还是显得很"便宜"。

公司几轮投资人中有作为产业投资者的上市公司，也有专业投资机构，但是缺乏知名投资机构的介入，收入不高是一方面原因，股东背景不强也是一个重要原因。

另外，创始团队做得太早了，多数投资机构都还没有瞄准商业航天赛道，再细化到遥感卫星就又过滤掉了一批投资机构。体制内相关企业的商业化程度不高，民企的配套通信技术、设备技术又跟不上，培育市场消费者也要花很多的成本。可简要概括为以下几点：

（1）公司缺乏好的公关人员

缺少好的公关，就缺少了与投资机构沟通的桥梁，带来了投资机构与企业之间信息不对称、企业发展的关键节点作用发挥不够充分等问题。由于创业公司现金流并不充沛，创始团队忙于跑客户、做项目，没有安排专人对公司进行公关，公司也很少参加公开的活动，于是很难吸引投资机构的关注，造成了"好酒在深巷无人知"的局面。

（2）公司业务发展"缓慢又迅速"，增长还没到爆发期

全球卫星遥感技术的主要应用场景在国防、应急安全、气象、海洋、国土、精准农业、森林环境、大型市政项目等方面。卫星遥感的主要客户是军方和政府，大型企业客户占比较少，个人用户尚未出现盈利的商业模式。对政府的订单部分也需要去寻找政府主政的"痛点"——违建、维稳、环

保等，这种项目制的业务需要一单一单地去"啃"。全国两千多个县，短期内很难实现几何级增长，只有在资本的加持下，才能迅速铺开业务，形成爆发式增长。

（3）对风险研判的预估影响估值的提升

投资机构对遥感卫星产业的某些风险存在顾虑，比如卫星发射失败带来的风险。虽然每次卫星发射都会购买全额保险，但是发射失败会导致卫星星座架设计划延期，影响项目实施进度。虽然这并不会损失已投入费用和影响已经发射的卫星的正常工作，但是卫星数据的时效性、信息收集、覆盖范围会低于完整的卫星星座工作状态，也会影响整个业务的进展和下一轮融资进度，这是投资机构非常关心的问题之一。

由此就可想而知前期知名投资机构关注这个赛道和该企业少的原因了。

（二）绑定核心团队的股权激励怎么做？

投资机构在投资协议中往往会把被投公司的关键人员绑定在被投公司中，但这是针对关键人员要做的业务层面的说法，如果公司不能够给予匹配度很高的权、责、利，很多关键人员是不可能签署类似协议的，此时就需要把员工的股权激励做到位。

2016 年 7 月，证监会发布了《上市公司股权激励管理办法》。而非上市公司的股权激励则一直没有出台可供参照的相关法律法规，在现实生活中，这类股权激励纠纷也十分常见。在法院审理的案件中，非上市公司与激励对象之间无法达成一致意见时，只能参照《中华人民共和国劳动合同法》（以下简称"《劳动合同法》"）《中华人民共和国公司法》（以下简称"《公司法》"）来处理。

1. 因人因时制宜，选择合适的激励对象

企业发展到某个阶段，很多合伙人因发展理念不合、分取利益比例和数量不均、地位的上升差距导致心理失衡，这

些人性的因素都是不可控的，比不可抗力还可怕。

事实上，由于投资就是投团队，团队个别关键合伙人的离开对投资机构而言风险较大，这是创始人和投资人都不想看到的情况。核心团队在公司里的重要性是毋庸置疑的，在公司还没有完全靠制度运转的时候，团队合伙人的资源是需要最大限度发挥出来的。尤其是在企业成长期，如果核心团队人员跳槽到竞争者公司，或者因为个人原因离职，都会给业务驱动型的创业公司以重大的打击。

在激励对象的选择上，需要充分考虑相关员工的人力资本价值、敬业忠诚度、员工出资意愿、公司激励力度、对公司是否会有持续的业绩贡献、公司现金保有量等方面问题。除此之外，还要考虑到人数限制。据《公司法》相关规定，有限公司的股东不能超过 50 人，股份有限公司股东不能超过 200 人。公司的核心高管和决策层、部门经理级别以上的中等经营管理层、具备特殊技能和资源禀赋的骨干层，都是激励对象。

之前提及的技术研发和销售变现的"双子星"在科技企业里几乎是标配出现的，在技术性强的、药品占据企业主营业务收入大头的前提下，企业留住核心技术人员，把相关的技术专利落到公司名下是企业的成长基石。

技术研发大拿是这类企业能拿到投资的关键，自然也就需要被绑定在企业和资本的"战车"上，这种现象在医药研发类企业几乎达到了巅峰。目前，处于高速成长期的国内医药技术市场正在慢慢走出"微笑曲线",监管机构制定的市场规则和医改带来的市场环境也正在逐步完善中,市场的各要素成熟度逐步提高。新药研发企业对市场、对新产品、对新技术的需求越来越重视,同时由于成本的提高与合成药物筛选难度的提高,美国和欧洲的很多新药研发机构也纷纷把目光投向中国市场,积极寻求与中国医药企业和研发机构的深层合作。

很多在国外因中美贸易战等原因受到歧视性对待的高端医药研发人才,开始把归国创业作为一个很好的选择,各地政府对医药企业的扶持也让他们获得了大量的生产要素和政策支持。这一类企业最有价值的就是研发团队,技术人员的价值格外突出,如果不予以绑定,投资机构是难以进行投资的。

即使再好的产品,在遇到投入需要产出并且销售变现的时候,特别是当同质化或差异化不大的产品充斥市场的时候,"渠道为王"的概念就浮现出来。再好的产品如果藏在深巷无人问津,也会一步步把企业拖垮。

资本的力量不能代替研发,更不能代替渠道,CMO(Chief Marketing Officer,首席营销官)组建的销售团队在面对企业客户和面对个人客户的时候,搭建出来的体系是不同的,但难度是一样的。CMO要在企业中对营销思想进行定位,制订市场营销战略和实施计划,完成企业的营销目标;还要协调企业内外部关系,对企业市场营销战略计划的执行进行监督和控制；同时还要完成团队搭建，企业营销组织建设与激励等工作。高举高打和地推式营销架构的成本很高，能否见到效果也跟 CMO 的能力相关。

除了技术研发核心人员和市场销售关键人员，运营管理的执行人员也是股权激励时要考虑的对象，公司的运营管理要把各个环节进行无缝对接，提升公司运营效率，加快资金和产品之间的快速流转，这些都需要强有力的执行者。执行者未必是出资创建企业的董事长，可能是专业性强、总览全局的 CEO，也可能是只负责运营的 COO（Chief Operating Officer，首席运营官），都是需要被激励的对象。

现实中，很多好公司都为股权激励所累，以下案例就是其中之一。

某机器人科技公司是一家着力于打造教育机器人和陪伴机器人的高科技公司，创业至今约二十年。创始人是教育学和人工智能主业双料博士，与妻子在多年前共同创办了这家机器人企业，也带着产品参加了很多世界级的比赛。同时还针对自己生产的机器人举办过国际化的赛事，吸引了全球青少年的目光。长此以往，该公司也得到了当地政府和投资机构的青睐。

后来夫妻二人的婚姻遭遇了滑铁卢，妻子离开后开始独立创业。因为深爱自己的企业，所以妻子理解丈夫，走的时候并没有要公司的股份，只带走了现金和房产。

创始人在经营管理上并不在行，于是聘请了业界知名机构的经营管理层担任总经理。加之在感情上出现问题，他也就没有把主要精力放在管理公司事务上，只是潜心研究新一代机器人。

新任总经理野心勃勃，一方面想利用企业平台把自己之前的行业资源进行整合，另一方面也想利用平台进行大笔融资，实现自己的价值。于是他给对投融资并不在行的创始人设下了陷阱，称企业"双子星"应该平衡股权关系，约定了两个指标来得到相应的股权激励，一个是能够实现当年业绩指标过 5 亿元收入，一个是融资超过 2 亿元，使企业估值高于 30 亿元。

创始人已经将全部身心专注于科研之中，在几次被"洗脑"之后，同意了这份股权激励的方案。此时总经理已经大刀阔斧地换掉了公司的财务总监和几个副总经理，还迅速联合了公司几个董事和高管，很快方案就经过了董事会同意并开始实施。

没过多久，深圳独角兽优必选科技有限公司风头正劲，拿到了腾讯的投资，估值暴涨到 40 亿美元；孙正义也把从中东融资来的资金大笔地投入机器人行业，并且预言机器人行业的未来不可限量，引发国内很多孙正义的信徒开始疯了一样地找机器人行业的龙头。

这个行业无非就是玩具机器人、教育机器人、工业机器人等几种。工业机器人企业在国内还不多见，库卡机器人有限公司被美的收购之后，国内鲜有能够匹敌的企业。玩具机器人显得太低端，不能体现机器人行业的高大上，所以教育机器人成了投资机构的首选。

企业界和投资界都知道女人和孩子的钱好赚，而教育又横跨这两个领域。在教育方面，有两句话是听别人说了，自己就一定要花钱的：一句话是"不能让孩子输在起跑线上"，一句话是"别人家孩子都在用"。这种让钱包出血的话在新任总经理的策划中，都一股脑儿地塞给代理商、消费者和投资机构。代理商在国内知名的新华书店开了助力大脑开发的教育机器人店，不但现场培训还帮忙报名号称可以被学校认可成绩的国际性比赛，而且承诺如果交钱多，有教练能够手把手地教，一定能够拿到名次。

在代理商还有电视广告的狂轰滥炸下，消费者开始对机器人锻炼动手能力和充分开发大脑这一理念深信不疑，投资机构觉得这种说法太对了——自己的孩子也得抓紧开发，要不然就赶不上别人家的孩子了，得抓紧投进去，否则机器人行当真火了，自己没投一个相关企业显得多傻啊。

天时地利人和，企业销售收入在代理商预付款疯狂涌入的情况下直冲 10 亿元，自己的工厂也在当地政府的支持下拔地而起，工人们都成了科技公司员工，投资机构也给了一个很高的估值，并且投入了 4 亿元。

新任总经理在董事会决议的合法加持下，很快拿到了与创始人等同的 40% 股份，股权分布是科学家 40%、新任总经理 40%、员工持股平台 10%、投资机构 10%，投资机构还拥有一个董事席位。新任总经理的"小九九"是想不但拿到股权，而且还能找个时机卖出部分股票大赚一笔，也可以在瞒着创始人的情况下打折转让收益权开始变现。

创始人分出了一部分股份给新任总经理，他当时的想法就是"想要马儿跑，就得给马儿吃好草"，也没有往深处想，而是继续钻研自己的课题，希望能够尽快研发出新的产品，丰富公司的产品系列。

新任总经理经过与财务总监的多次合谋，再加上也有很多代理商帮助做了发票，制造了许多虚假的合同，很快就把投资机构的几个亿转移到了体外，将原本要通过定增建立工厂、采购原材料、拓展新的自营渠道的资金很快就"吃掉"了。创始人却被蒙在鼓里。

在机缘巧合下，有一个很早就追寻创始人的公司员工提醒了沉迷在实验室里的创始人，要他小心新任总经理篡权且贪污，并且拿出了一段时间内跟踪得来的证据。创始人这才恍然大悟。新任总经理发现阴谋被戳穿后赶紧辞职，但是股权还在手里。原因是投资机构当时签署协议的时候，约定了新任总经理作为关键人员在三年之内是不能够离职的；如果离职的话，创始人就要和新任总经理按照股权比例承担回购责任。

创始人无奈起诉新任总经理，却因为证据不足被法院驳回。一时间投资机构的董事席位恍若虚设，备受打击——通过所谓的知情权拿到的财务报表居然都是假的。案子原被告双方一直在搜集证据，很多代理商起诉该公司，原材料厂商也撕破了脸皮。地方政府当时出地建设厂房都是按照标准化推进的，不过等不来该公司的设备了。

一幕幕闹剧还在进行，一家好端端的企业就因为放权过甚且激励过度而处于风雨飘摇之中。

2. 激励方式上有多种选择

股权激励的方式分为现金结算工具和权益结算工具两种。

其中，现金结算中的常用工具包括股票增值权、虚拟股票计划、利润分红、长期福利计划等。其优势是不会对股权结构产生什么不良的影响，劣势就是会在一定程度上减少公司的现金流。而且现金支付并不能带来相关员工对公司认同感和归属感的增加，因为实质上相关员工并未持有公司的股权，可能达不到真正股权激励带来的正向效果。

权益结算中的常用工具包括股票期权、限制性股票、业绩股票、员工持股计划等。非上市公司最常见的激励模式是限制性股权模式。权益结算在实际操作中的优势在于可以不支出现金，有时候通过员工持股计划还能够获得一部分现金支持。劣势也很明显，比如会让核心创始团队的股权比例被稀释，公司的股权结构肯定会有所改变，在多轮投资者进入后，可能会发生持股员工与投资人站在同一条战线的情况。

应对办法就是在做出权益类激励的同时，实际控制人和创始人团队与相关员工签署一致行动人协议。

确定激励的方式后，操作层面的程序就相对简单了。现在最常见的操作是员工持股平台（如表2-1所示）。

表2-1 股权激励的持股平台方式

平台形式	公司持股	合伙企业持股	信托计划持股
优势	方便创始人统一管理	方便创始人统一管理	委托第三方便于管理；税务安排上会明显优于公司持股；尤其适用于境外股权结构
劣势	有限责任公司股东上限为50人；出售股权时收益有公司所得税和个人所得税双重税负	有限合伙公司有50个合伙人的限制；普通合伙人具有无限连带责任	国内上市时信托计划属于三类股东需要在上市前完成转换；公司需要支付信托公司托管费用或部分收益分成

随着现在企业创办者普遍年轻化的趋势，再加上创业公司的现金流不充裕，很难在工资奖金上拿出让员工满意的计划，所以一些企业通过建立员工持股平台来进行股权激励，激励对象可以通过持股平台间接持有公司的股权。这样操作便于股权的统一管理，还可以起到风险隔离的作用，不会因为某一个被激励对象的流失而影响公司现有股权机构。

持股平台一般由创始人作为执行董事，员工一般享有收益权而不享有投票权，这样做可以保证员工持股的股权和公司始终保持利益目标的一致性。不过在平台持股的情况下，在企业所得税和个人所得税方面都存在不确定性。

当然也有公司喜欢让员工显名直接持股，这种操作可以让公司股权结构简单明了，激励对象也能更深刻地感知自己作为股东的主人翁身份，有归属感和参与感。如果员工发生后续入股，或者离职退股就会发生继续买入公司股权或出售股权之事，公司的股权结构就会频繁发生变动，每次股东变更都要准备相应的法律文书、走法律程序、进行工商变更登记，不仅手续烦琐，而且还要消耗很多成本。

此外，被激励的员工虽然只占很少一部分股权，但是根据《公司法》的规定，也是同股同权，享有完全的股东权益。如果被激励员工享有的股权比例较大，那也要考虑公司的经营管理，一旦遇到问题时员工的意见是否会影响公司高层的决策，这些风险敞口都是潜在的问题。

以下是公开资料显示的一个众所周知的案例，华为在此方面的做法，值得人们借鉴。

华为采用的股权激励方式是虚拟受限股方式。拥有虚拟股的核心员工，每年能够获得一定比例的分红以及虚拟股对应的公司净资产增值部分，但没有所有权、投票权和表决权，不能将内部持股转让和出售，也不能享受增值权。在员工离开企业时，这份虚拟受限股会按照离职时的价值由华为控股工会回购。在公开的工商登记信息中，任正非拥有股权为 1.01%，剩余 98.99% 全部为华为投资控股有限公司工会委员会（以下简称"华为工会"）持有。

按照现有公开资料的描述，在每年的某个时间点，华为表现优异的核心员工会被上级主管安排一次面谈，员工会拿到一份股权认购合同，上面有他们当年能够认购多少数量公司股票的内容，且这份合同没有副本，不能带走。员工能够在内部账号里查到自己有多少股票，但是员工的名字不会出现在股东名册里，而是由华为工会代持。经过多年的连续增发，华为工会持有的虚拟股的规模已达到 134.5 亿股。

据华为内部统计，有超过 8 万人持有这种虚拟受限股票，持有人数约占员工总人数的 40% 左右。在公司待的时间越长，所持的股份就越多。除了应得的工资外，每年的分红收益也相当丰厚，员工们充分享受了伴随公司成长所带来的红利。

华为对虚拟受限股的内部发行，不受监管部门的约束，也不受《公司法》的约束。

不仅如此，华为还能通过员工购买股权的对价，获得超过 200 亿元的融资，增厚了公司的资金实力。理论上讲，虚拟股可以无限增加，只要公司存续下来，就可以增加到几万亿股数。对员工而言，只要公司能够持续稳定盈利，自己的分红就能持续稳定增加而且能分到手里。

笔者也见过不少从华为脱身出来的企业家，其中不乏在华为职级 20 级以上的中高层。这些人有的是因为创意在华为内部无法实现，有的是想利用平时的技术积累和经验在通信等领域做出一番事业，于是放弃了多年积累下来的虚拟股权，放弃了每年高达千百万元的分红，只为找到属于自己的那片天空。这些高端人才跟 BAT 等大公司出来的人一样，往往在创业之初就被诸多信奉技术派的投资机构盯上了，也能很快地拿到投资，实现个人价值。

3. 选择合适的定价方式、股票和资金来源

公司股票的价格在进行股权激励时，是最被激励对象关注的，一般会有以下几种定价设计方式（如表 2-2 所示）。

表 2-2　估值方法分类

定价方式	估值方法	适用企业类型
净资产法	按上一期财务报表中显示的净资产定价，按照注册资本和净资产孰高者定价	种子期企业
公允价值法	按照最近六个月内最新投资人进场的价格做定价，有必要的话可以聘请第三方机构进行价值评估	成长期企业
票面价值法	按照每股注册资本计算，按照注册资本和净资产孰高者定价	种子期企业
市场比较法	根据市场上存在的参照企业，通过市场估值参数定价，可以用 P/E、P/B 倍数或者 GMV（成交总额）来定价	成熟期企业

选择定价方式锁定了价格，还要看从哪里把股票兑现出来。施行股权激励的非上市股份公司也不能公开发行股份。因此，对于股份公司而言，股权激励股票的来源方式主要是公司向股东回购股份后授予被激励对象、原有股东进行转让、公司向被激励对象增发股份。

如果是初创企业，按照净资产或注册资本来进行股权激励，对员工的支付能力考验不大。如果企业已经上了规模，在成熟期进行股权激励，既想达到股权激励的效果，又要充分考虑员工的承受能力，这就需要企业在设计股权激励方案时充分考虑到员工购买股权的资金从哪里来，确保短期内不会对员工生活产生不良影响，否则有可能好事变坏事，增加企业内部矛盾。

一般来说，除了用自有资金购买股权之外，还有以下几种渠道可以帮助补充资金需求（如表2-3所示）。

表2-3　员工购买股权的资金来源

资金来源	方式	补充
员工自筹资金	自有资金或向亲朋好友借款	看员工本身及朋友圈的经济实力以及公司的股权激励力度和定价情况
公司提取激励基金	通过对相关员工的 KPI 业绩考核，可以在季末或年底计提超额奖金以作为股权对价	有效地激励员工工作积极性，增量业务的提升不但能够给公司带来强现金流，还能够让股权激励的价值在短期内就能见到效果，奖金发放还要考虑个人所得税的扣缴份额

（续表）

资金来源	方式	补充
银行借款	很多银行都将公司担保为员工发放信用贷款作为一种新业务模式	公司对员工借款进行担保，一旦违约可能会给公司带来风险；员工自行承担相应的利率
利润回填	可以约定员工股份在年底进行分红，分红可以作为对价支付股权的实缴	因为公司注册资本一般采用认缴制，所以可以将这部分资金用于实缴，但应扣除个人所得税
预支薪资	可以计提员工工资用于缴付对价	要考虑到公司现金流情况，也要考虑到员工离职可能带来变化。财务上算是公司的长期对外借款，可能会引发税负风险
创始人借款	创始人借给员工资金	由创始人掏出自有资金为员工买单，创始人与员工签订借款合同。但是一年期以上的股东借款合同也有可能被认定为公司长期借款

　　上述方式，既能让核心员工拿到股权而不离开，让普通员工感受"做得越多，得的越多"的刺激，又能通过借款等方式让员工实际得到福利。但是就创业公司而言，分红是非常奢侈的，按照股权比例来说，员工实际也分不到多少。

　　鉴于这种情况，创始人就需要在估值上做文章了。如果企业按照每年翻一倍的估值融到资了，这些股权即使是

0.1%也有了可观的价值，创始人可以利用这一点在每年年底乃至每个季度都拿出一部分股权来做员工激励，采用"少食多餐"的方式，让各级员工因为心理有所盼而把心思都集中到工作中来。因为心理上的满足感也能带来成就感，而成就感是无可替代的，何况成就感里还包含了未来可能变现成大钱的股权期权。

其实这种股权激励方式早有先例。

2008年汶川地震时，当地的通信联系中断，从而影响了救援行动，打造中国自己的卫星通信体系开始提上日程。随着马斯克的"星链"上天，国内卫星通信行业打造太空通信网络的呼声也越来越高涨，国有和民营公司都开始尝试对这片未被开发的沃土伸出触手。

目前，中国的自有卫星通信还处于发展的初期，发射上天的也只有天通卫星能够支撑民营通信功能，由于对于民用卫星通信终端的需求尚不大，使得相关企业的订单并不充足，企业只能通过其他业务的支撑不断研发储备相关技术。

某科技公司的两个创始人是分别从两家著名的国际半导体公司相约出来创业的，想借势打造一款国内通信卫星适用的通信终端，在国内可以应用于通信卫星的场景，也能够让热爱探险的"驴友"们在荒山野岭没有基站和信号的地方，让渔民出海捕捞时，享受高质量的卫星通话服务和少许上网服务。

起初，创业公司引起了地方政府直投基金的关注，也获得了几家民营投资机构的投资，但是在订单不足的现状下，能够维持现有技术员工不离开公司，以及维持账期较长的产品研发、供货的力度不减，无论哪一样都是一件不容易的事情。创始人便想到了对每个骨干员工都进行股权激励的办法。

因为之前已经有两轮投资机构进入，公司也就有了相应的估值，最后一轮投资者进入时，创始人把增资的口子对员工开放了：在员工持股平台层面对员工开放持股，员工通过持股平台增资进入该公司。

新一轮针对员工的增资是在上一轮投资结束、工商变更之前启动的，股票价格与上一轮投资者一致，投资者也认可这种操作。股权激励时间很短，在描述完公司现有的在手订单、当年可以实现的利润，以及未来两年内登陆创业板的发展规划之后，很多高管和员工都愿意与公司一同走下去。

有一些想认领更多股份而资金不足的、在岗五年以上的老员工，在签署了一定期限内不会离职且如果离职就会以特定的价格由实际控制人回购股份的协议后，由该公司作为担保方，帮助员工在银行取得了一定金额的贷款，利率由员工本人承担，还款来源约定为员工每个月的部分工资。

为了留住公司的核心高层，两位创始人经过咨询律师事务所，制定了另外一套激励方案。在原则上按照同股同价给了他们激励后，也约定了比之前更激进的业绩奖励，即按照为公司创收的阶段制来分享销售收入。虽然这样做会让核心高层承受短期压力拿到更多的股权，但是会激励其在未来更加努力地工作。

通过激励，员工拿的比之前更多，也能更有动力地完成重新制定的KPI。员工的增资进入，不仅缓解了公司的经营现金流，也让看到未来发展前景的员工们提起了干劲儿——"天上不会掉馅饼，撸起袖子加油干"。

4. 发生纠纷实属平常，尽量做好事先预防

股权激励之后，就股东回购的条件来说，《公司法》第七十四条总结归纳了公司僵局、股东困境的几种情形：公司连续五年不向股东分配利润，而公司该五年连续盈利，并且符合本法规定的分配利润条件的；公司合并、分立、转让主要财产的；公司章程规定的营业期限届满或者章程规定的其他解散事由出现，股东会会议通过决议修改章程使公司存续的。

以上总结归纳比较简单，理论上，在核心员工获得股权激励有附加条件时，所有的可能性都会发生。以下公开资料的案例很好地证实了这一点。

据公开资料显示，2007年6月，富安娜（002327）作为一家还未上市公司，内部制定并出台了《深圳市富安娜家居用品股份有限公司限制性股票激励计划（草案）》，决

定以定向增发的方式向股权激励对象发行 700 万股限制性股票。激励对象包括富安娜母公司及下属子公司的董事、监事、高级管理人员及主要业务骨干。

2008 年 3 月，富安娜启动了 IPO 进程，为了满足 IPO 的条件，富安娜宣布将此计划终止，决定把之前施行激励的限制性股票转换为无限制性的普通股。同时，与持有原始股的余××、曹×、周××、陈×、吴×等股权激励对象谈判。2008 年 3 月，这些股权激励对象与富安娜公司分别签署了一份《承诺函》，在该《承诺函》中约定：持有原始股的员工自承诺函签署日至公司上市之日起三年内，不以书面的形式向公司提出辞职、不连续旷工超过七日、不发生侵占公司资产并导致公司利益受损的行为，若违反上述承诺，自愿承担对公司的违约责任并向公司支付违约金，并附有违反承诺时违约金的计算依据。

在签署《承诺函》后不久，这几人先后向富安娜提出辞职申请，一起跳槽至富安娜当时的主要竞争对手之一——水星家纺公司（603365）。

于是，2012 年 12 月 26 日，富安娜公司作为原告，就《承诺函》违约金纠纷一案向深圳市南山区人民法院提起了民事诉讼，要求南山区人民法院判令各位被告分别赔偿富安娜公司违约金，累计达 8121.67 万元。

此案诉诸法院之后，因部分被告认为此案应该属于劳动争议纠纷，于是向深圳市南山区人民法院提出管辖权异议，请求深圳市南山区人民法院驳回起诉。

深圳市南山区人民法院经过审议，于 2013 年 4 月 15 日下达民事裁定书，驳回被告的管辖权异议诉求。

被驳回后，被告就深圳市南山区人民法院的裁定向深圳市中级人民法院提起上诉，深圳市中级人民法院依法组成合议庭对案件进行了审理。经审理后，深圳市中级人民法院做出终审裁定：上诉人的上诉理由不能成立，依据《中华人民共和国民事诉讼法》的规定，裁定驳回上诉，维持深圳市南山区人民法院的裁定。

深圳市中级人民法院同时裁定，该案系合同纠纷，依法应该由被告住所地或合同履行地人民法院管辖。

根据深圳市南山区人民法院的一审判决——被告曹 × 等需支付原告富安娜违约金 1898856.96 元及利息。

针对被告曹 × 不服一审判决提起的上诉，深圳市中级人民法院二审判决认为，《深圳市富安娜家居用品股份有限公司限制性股票激励计划（草案）》规定的面向激励对象发行的限制性股份是由激励对象（高级管理人员及主要业务骨干）自愿认购的、转让受到公司内部一定限制的普通股。此种激励计划有利于增强富安娜公司经营团队的稳定性及工作积极性、增进富安娜公司与股东的利益，不违反法律强制性规定，是合法有效的。

该股权激励计划终止后，富安娜采用由激励对象出具《承诺函》的方式继续对激励对象进行约束，该《承诺函》

实为原限制性股票激励计划回购条款的变通和延续，体现了激励与约束相结合原则。激励对象按照《承诺函》向富安娜公司支付"违约金"后所能获得的利益，仍为激励对象违反承诺日上一年度经审计的每股净资产价。《承诺函》继续对提前辞职的激励对象所能获得的股份投资收益予以限制，并不违反公平原则，是合法有效的。曹 × 等在富安娜公司上市后三年内离职，《承诺函》约定的对曹 × 股份投资收益进行限制的条件已经成就，曹 × 应依约将被限制的部分收益（即"违约金"）返还给富安娜公司。

深圳市中级人民法院二审判决驳回上诉，维持原判。富安娜股权激励索赔纠纷案件，以富安娜终审胜诉告终。

在利益面前，人心始终是动摇的。富安娜拿起法律武器对相关权益进行维护，维护了上市公司股东的权益，终审判决的结果也表达了法院系统对股权激励这种市场化行为的支持态度，这件股权激励案有助于投资机构和企业家在法律层面重新审视各个公司现有的股权激励安排。

在上述案例中，《承诺函》作为类似的附加合同，是与之前的股权激励方案有关联性的，法院的支持理所应当。

（三）员工与公司的协议有哪些条款需要签署？

"千里之堤，溃于蚁穴"，股权激励对留住核心高管和骨干员工的重要性毋庸置疑。如果只给了"糖"吃，不加以约束，没有"大棒"在旁边伺候着，那么也会有员工得了便宜还卖乖——他们通过股权赚得盆满钵满，却让企业吃了亏。所以，企业在股权激励的同时，为了防微杜渐、未雨绸缪，需要有一份补充协议或在重新签署劳动合同时加一些条款，对此类人员进行约束。无论对哪方来说，约束下的自由才是真正的自由。

1. 竞业禁止条款在关键时可以保护公司核心业务

《公司法》第一百四十八条规定，未经股东会或股东大会同意，公司董事、高级管理人员不得"利用职务便利为自己或他人谋取属于公司的商业机会，自营或为他人经营与所任职公司同类的业务"。

笔者认为，《公司法》限定的人员范围较窄，并没有把可能影响公司业务发展的人员锁定进来，在竞业禁止的范围上也只是进行了泛泛的描述。所以，为了避免人员流动造成的公司业务不稳定，公司的法律部门在制式的劳动合同之外，还会与核心人员签署一份较为公平的竞业禁止协议。如果核心人员认为公司给出的待遇已经能够充分体现自身价值，在签署这份协议时也会比较痛快，这份协议也成为这些人员看待公司待遇的一块"试金石"。

《劳动合同法》对竞业禁止适用范围、期限以及补偿方式均做出了明确规定，第二十三条规定："用人单位与劳动者可以在劳动合同中约定保守用人单位的商业秘密和与知识产权相关的保密事项。对负有保密义务的劳动者，用人单位可以在劳动合同或者保密协议中与劳动者约定竞业限制条款，并约定在解除或者终止劳动合同后，在竞业限制期限内按月给予劳动者经济补偿。劳动者违反竞业限制约定的，应当按照约定向用人单位支付违约金。"

《劳动合同法》第二十四条规定："竞业限制的人员限于用人单位的高级管理人员、高级技术人员和其他负有保密义务的人员。竞业限制的范围、地域、期限由用人单位与劳动者约定，竞业限制的约定不得违反法律、法规的规定。在解除或者终止劳动合同后，前款规定的人员到与本单位生产或者经营同类产品、从事同类业务的有竞争关系的其他用人单位，或者自己开业生产或者经营同类产品、从事同类业务的竞业限制期限，不得超过两年。"

在现实中，上有政策，下有对策。竞业禁止条款的约束力虽强，但仍有很多人费尽心思突破限制，利用手里的核心商业机密来谋取短平快的暴利，或者利用自己"偷"过来的渠道销售自己代理的产品。也确实有一些公司因核心人员出走致使经营一败涂地。

2. 个人研发的知识产权归属公司所有

知识产权在高科技企业是产品进步的基石，研发人员被聘任到企业，就是为企业业务发展提供"弹药"的。按照法律规定，职务发明是与工作性质息息相关的，也是与企业主营业务挂钩的。若是一些特别爱钻研的员工在业余时间做了与工作无关的研发，员工可以自行申请专利，并且权利也归员工所有。

《中华人民共和国专利法》第六条规定："执行本单位的任务或者主要是利用本单位的物质技术条件所完成的发明创造为职务发明创造。职务发明创造申请专利的权利属于该单位，申请被批准后，该单位为专利权人。该单位可以依法处置其职务发明创造申请专利的权利和专利权，促进相关发明创造的实施和运用。非职务发明创造，申请专利的权利属于发明人或者设计人；申请被批准后，该发明人或者设计人为专利权人。利用本单位的物质技术条件所完成的发明创造，单位与发明人或者设计人订有合同，对申请专利的权利和专利权的归属作出约定的，从其约定。"

第十五条规定："被授予专利权的单位应当对职务发明

创造的发明人或者设计人给予奖励；发明创造专利实施后，根据其推广应用的范围和取得的经济效益，对发明人或者设计人给予合理的报酬。"

第十六条规定："发明人或者设计人有权在专利文件中写明自己是发明人或者设计人。"研发成果也是参照此法来执行。

知识产权保护是对企业核心资产的保护，不能因为研发人员的离开而失效，如果研发人员带着知识产权成果到了竞争对手企业，可能就会对老东家造成致命的打击。

根据《中华人民共和国专利法实施细则》第十二条第三项规定，"退休、调离原单位后或者劳动、人事关系终止后1年内作出的，与其在原单位承担的本职工作或者原单位分配的任务有关的发明创造"属于职务发明。为了约束员工在离职后将企业之前在场地、费用、设备、零部件、原材料，或者不对外公开的技术资料等物质技术条件的投入获取不当得利，企业可以签署补充协议。针对离职数年内的员工，如果有证据表明发表的专利是离职前的成果，也应归属企业所有，这份补充协议可以作为一种对同业竞争的约束，也是对企业前期投入回报的负责。

以下是一个知识产权侵权案的公开判例。

江苏擎天信息科技有限公司（以下简称"擎天公司"）是涉案"擎天反贪系统"等4个软件的著作权人。

张 × 原系擎天公司销售总监，杨 × 原系擎天公司政法产品事业部技术经理，对擎天公司涉案 4 个项目进行协助管理，王 ×、金 ×、韦 × 原系擎天公司通信产品事业部软件开发人员，参与擎天公司涉案软件的开发，后 5 人先后离开擎天公司。

南京云松信息技术有限公司（以下简称"云松公司"）成立于 2015 年 3 月，公司经营范围为计算机软硬件技术开发等。该公司股东分别为上述杨 × 的妻子与张 × 的母亲，张 × 还系云松公司监事，王 ×、金 ×、韦 × 均系云松公司的员工。云松公司于 2015 年 7 月 20 日、2015 年 11 月 2 日分别获得国家版权局登记的云松异构系统等 4 个软件著作权，擎天公司主张云松公司登记的上述软件分别侵犯了其 4 个软件著作权，故请求法院判令云松公司、张 × 等停止侵权，连带赔偿经济损失及其为制止侵权行为支付的合理费用 400 万元。

法院裁判认为：擎天公司系涉案 4 个软件的著作权人。经比对，云松公司的被控侵权软件分别侵犯了擎天公司涉案 4 个软件的著作权。张 ×、杨 ×、王 ×、金 ×、韦 × 在擎天公司工作期间主要从事涉案软件的研发和销售工作，可以接触到擎天公司涉案 4 个软件的源代码等核心内容。但张 × 等人在离开擎天公司任职云松公司期间，明知擎天反贪系统等涉案软件属于擎天公司，却仍然在该软件源代码的基础上制作完成被控侵权软件，且张 × 作为云松公司的监事，并在其母亲为云松公司股东的情形下，亦应当知道没有杨×等人的上述行为，云松公司不可能在短期内将被控侵权软件进行著作权登记。

因此，在云松公司等未举证证明拷贝擎天公司涉案软件源程序的侵权人或被控侵权软件的实际编写者的情形下，法院认定张×等与云松公司具有共同侵犯擎天公司涉案软件著作权的故意，并共同实施了侵权行为，应共同承担侵权责任。

在本案中，擎天公司向法院申请法定赔偿。考虑到计算机软件的研发需要公司及技术人员耗费大量的时间，付出大量的人力、物力、财力，擎天公司需要为软件的销售付出包括拓展市场在内的各种资源，云松公司被控侵权软件可能的销售数量、价格，以及张×等人侵权主观恶意明显，侵权性质恶劣及擎天公司为本案所支出的合理费用等因素，法院最终判决云松公司立即注销被控侵权软件著作权，立即删除与擎天公司涉案软件有关的资料，云松公司、张×等共同赔偿擎天公司经济损失及为制止侵权所支出的合理费用400万元。

现实中，公司之间的人才流动是经济发展的必然现象。很多人都想当然地认为自己工作和奋斗过的领域，所有接触过的事物都可以拿到下一家公司无偿使用，这其实是对商业机密的误解。这类行为极大地扰乱了市场公正、公开的竞争秩序，可能给原有公司带来经济损失，应该受到严惩。

这种情形涉及公司经营管理的规范化程度，在投资机构看来，如果在被投公司有此类事件发生，说明了公司日常管理和风控存在很大漏洞，肯定是要减分的。

（四）投资协议中哪些约束性条款最重要？

"明知山有虎，偏向虎山行"，有的企业家"没有金刚钻，偏揽瓷器活"，可以以乐观的心态经营企业，但不能盲目乐观地漫天要价，搞不好的话，真金白银地拿过来，是要真金白银地还回去的。资本的照拂是企业壮大的动力，资本的条款则是在企业家头上加了金箍，在企业乱花钱或完不成任务的时候，资本就会无情地对企业念咒语，督促企业家要勤劳致富、坚守主业，为股东们把老本赚回来。"周瑜打黄盖，一个愿打一个愿挨"，有人耳提面命不是坏事情。

1. 保密协议的隐形重要性

在企业公开募集资金的商业计划书成形之后，很多投资机构会决定要不要跟进联系。如果初步判断企业符合投资机构的投资偏好和风控偏好，还想进一步推进项目的话，就需要签署保密协议了。协议可以用投资机构自己的，也可以用被投企业律师拟定的模板。

保密协议，顾名思义就是指协议双方对另一方书面或口头提供给自己的相关信息，约定不得向第三方披露的协议。一般包括保密内容、责任主体、保密期限、保密义务及违约责任等条款。保密协议中约定的负有保密义务的当事人一旦违反保密协议的约定，将协议中规定的保密信息披露给第三方，就将承担民事责任甚至刑事责任。

虽然保密协议存在法律效力，但是诸如投资团队人员流动、电脑丢失、企业材料被黑客窃取等事件也是有可能发生的，还有投资机构团队成员在保密期内将涉密信息对第三方泄露也是有可能的。对于未上市的公司而言，尤其是在你追我赶的同行业竞争激烈的时候，保密协议的存在对自身是一种保护，只是这种保护未必时时有效。

被投公司要时刻关注竞争对手的融资对象和拟融资对象。有的投资机构选择了一个赛道，会把这个赛道所有的领头羊企业都考察一遍，甚至签了一堆保密协议。一旦决定要成为其中一个企业的股东，在投资机构手中掌握的其他企业的翔实资料就可能成为帮助所投企业变强的有力支撑，这肯定是"亲者痛仇者快"的大事，甚至会在短期内影响企业的成长和业绩突破。

保密协议中要事无巨细地把包含企业商业机密的条款都加进去。首先要给保密信息定义：保密信息是指披露方直接或间接地以书面、口头、图纸、检验样品、设备，或者设施等形式披露给接受方的与下述有关的任何信息或数据，包括但不限于披露方的经营信息、业务信息、财务数据、营销策略等，包括但不限于已签订或即将签订的合同，特别是资源合同、成本结构、客户名单、市场情况、财务报表、开拓方案、产品定价、营销策略、其他重要的业务、计划或信息（总称"商业信息"）；披露方的专有技术和产品，包括但不限于技术数据、交易信息、专有技术、研究成果、产品计划、设想或概念、软件发明、专利申请、工艺、算法、公式、设计、简图、图纸、操作，以及硬件结构信息（总称"技术信息"）。

保密信息可以不包括：

其一，任何已出版的或以其他形式处于公有领域的信息，以及在披露时接受方通过其他合法途径已获得的信息。

其二，接受方在从披露方获得这些信息前已获得的信息，并且没有附加不准使用和透露的限制。

其三，由第三方在不侵犯他人权利及不违反与他人的保密义务的前提下提供给接受方的信息，并且没有附加不准使用和透露的限制。

其四，事先有披露方的书面允许。在确定何为保密内容、何为可以公开的内容后，遵守保密协议的不但要锁定投资机构本身，还要锁定投资机构所有参与项目的雇员。在雇员违反保密协议的时候，投资机构也要承担连带责任。

雇员的行为在保密协议里面也要有所体现：

其一，同意不得为自己的目的或为双方进行业务协商和建立业务关系以外的其他目的，使用披露方提供的任何保密信息。

其二，未经披露方事先明确的书面同意，接受方自身不得也不得允许任何雇员或第三方翻译、进行倒推操作、分解编辑、重新编辑、更新或修改保密信息。

其三，接受方只能在本合同约定的合作范围内提供给可靠的员工使用保密信息，不得将披露方的任何保密信息泄露给第三方或其雇员。接受方应将本协议项下的保密义务告知接触到披露方保密信息的雇员，并且在披露方提出要求的情况下，及时提供接触到保密信息的所有雇员的书面名单。接受方对其雇员的所有违约行为承担全部责任。

其四，同意采取所有合理措施对保密信息进行保密并避免被使用或泄露，以防止该信息成为公众信息或被未经本协议授权的人占有。

其五，如果双方经探讨后未建立合作关系，则接受方不能使用披露方的保密信息。

其六，除非得到保密信息披露方的书面许可，另一方不可对保密信息进行复制。

其七，如合作关系未建立或终止，接受方应按照披露方的要求将保密信息及其载体返还给披露方；但接收方可以保留一份保密信息的副本仅用于存档，以及与本协议相关的争议解决之目的。

其八，依照中华人民共和国法律、法规、条例、法令的强制要求披露，或者依照具有管辖权的法院或管理机关强制命令进行披露的信息不在禁止的范围内，但在公开信息之前，接受方应尽最大努力让披露方知情。

正因为对于签署双方而言，基本是被投公司披露自身信息可能会被投资机构泄露，在保守秘密的时候，投资机构自然需要承担更大的责任。被投公司对投资机构是书面的约束，要约定一个投资机构能够接受的期限，不能要求投资机构终身对所接受的信息保守秘密。

对被投公司而言，中短期内的战略和战术是绝对的商业机密，但是在同业都采用差不多的商业模式和扩张方式时，加之频繁地接触不同的投资机构，最终会拿到哪个投资机构的钱并不确定，内控比较松的被投公司甚至连跟多个投资机构签署了保密协议、将保密内容交给了多少个投资经理都说不清楚，这样也就很难判断市场上流传的信息到底是谁泄露出去的。

按照商业伦理来推断，保密人员的范围也应该进一步扩大到投资机构聘请的专业顾问或第三方机构、关联企业，只不过根据合同的相对性，这种操作无法实现而已。

现实中，投资机构违反保密协议的案例常见且隐秘，有些由上市公司主导的产业资本在这方面做得更加过分。以下案例比较典型。

某上市公司作为行业龙头企业，实际控制人对资本的认识比较超前，很早就选择了登陆资本市场。虽然股市起起伏

伏，由于有半垄断的资源优势和资本市场的先发优势，该
上市公司业绩一直保持稳定攀升，其市值始终保持在高位，
现金流充沛。

该上市公司由于在当地拥有举足轻重的纳税大户地位，
有当地的银行全力支持发放并购贷款，许多并购项目还能主
动帮助公司设计成长期项目贷款，以降低融资成本；与此同
时，也有很多投资机构帮助公司联合投资孵化，后续装入上
市公司；体外合作机构组成的并购基金也有几十亿元规模，
获得了很多同行业的优先并购权；公司投资部人数众多，而
且深耕行业多年，都是金融和专业复合型人才，利用手里上
市公司多次定向增发来的资金大肆"合并同类项"，扩展到
上下游产业链，把公司打造成产业集群巨无霸。

在并购和投资市场上，该上市公司有两套打法，通过并
购基金、合作机构、投资部等多触角，对看中的标的公司进
行尽职调查，对技术和商业模式各种打探。由于上市公司创
始人在业界的"龙头老大"地位，"各方诸侯"都很给面子，
标的公司也纷纷把最好、最真实的一面呈现出来。

保密协议是由人来签署、由人来遵守的。该上市公司的
优势在于，很多投资部和关联投资机构的员工是可以被聘用
到上市公司来工作的。这样一来，之前的保密协议中的内容
是否可以在该上市公司中应用，或者在该上市公司产业加
持下是否可以有改进地加以应用，都不得而知。标的公司
所处的地位也很难得到诸多投资机构违反保密协议的证据，

无论对技术、图纸、文件还是设备，只要略作更改就能规避保密协议约定的内容，这些关联机构和本体机构的投资人员有点儿像"商业间谍＋猎头＋投资人员"。

当然极端情况也是存在的。在前面投资、并购、挖人都行不通的前提下，由于无论是业务尽职调查，还是法律和财务尽职调查，都到了很深入的阶段，很多公司上市之前的发展过程中都有账务不清、避税手段多样等瑕疵。于是，该上市公司就开始利用一些人对公司之前的违法违规行为进行举报，通过游击战和"阳谋"来对付标的公司，在其撑不下去之时，该上市公司的关联投资机构或该上市公司本身再像救世主一样出场，挽救处于水火之中的标的公司。

种种所谓的"劣迹斑斑"让同行业和上下游产业链公司对该上市公司又爱又怕，既期待能够得到它的资本和产业的青睐，让自己的业绩上涨或拿到钱，又怕因此再也逃不出它的掌心。偏偏该上市公司在主营业务和二级市场上又非常守规矩，几乎从未受过监管机构的处罚。该上市公司在一级市场投资和二级市场资本运作都如鱼得水，皆因背后有"高人"在运作。

这么一个乍听上去像是一个质地不怎么样的上市公司，为什么还能发展壮大成一个几百亿市值的巨无霸？

俗话说得好，"商场如战场"。该上市公司的触手越多，就越能更快、更准确地发现竞争对手的身影，先下手为强。竞争对手在萌芽状态时是最容易被扼杀的，对于该上市公司而言，最不缺的就是钱，二级市场就是它随时可以取钱的"银行"，外面还有数十家银行追着抢着想给它授信，贷款要多少有多少，甚至还能基准利率下浮，更不用说当地政府的减免税、各种补贴等政策的支持力度有多大了，这些都是该上市公司的"金库"，是一个非上市公司无法相比的。

也正因为如此，该上市公司才能肆无忌惮地寻找标的，威逼利诱全部手段上齐，就为了主营业务能够查缺补漏更上一层楼。而市场上这种公司太少了，多数公司不是主营业务强而资本运作弱，就是只剩下资本运作把主营业务丢得远远的。

2. 对赌回购不要轻易去碰

对赌协议不是赌博。VAM（Valuation Adjustment Mechanism）最初被翻译为"对赌协议"，一直沿用至今。笔者认为，直译为"估值调整机制"更能体现其本质含义。

对赌协议一般是与公司的实际控制人及一致行动人来签的。通常目标企业未来的业绩与上市时间是对赌的主要内容，与此相对应的对赌条款主要有估值调整条款、业绩补偿条款与股权回购条款。

对赌协议在申报IPO之前是要解除的，证监会对于上市时间对赌、股权对赌协议、业绩对赌协议、董事会一票否决权安排、企业清算优先受偿协议等五类对赌条款已明确为IPO审核禁区。原因就是募资之后的企业是社会公众公司，而《公司法》规定同股同权，不允许任何机构或个人有不同股同权的现象出现。

天使投资投的是团队和 PPT，所以无法约定对赌，谈对赌也没有任何意义。A 轮及后面几轮的投资机构在投入资金之前，一般都会要求对赌协议条款，这是对基金管理机构的风险控制，也是给 LP 一个交代。

虽然在前期尽职调查时，投资机构和法律、财务等第三方机构都已经比较详尽地对企业做了全面审查，但做企业本来就是九死一生的事情，在隐性和显性层面都有不确定性，而这些不确定性有可能会让企业万劫不复。

估值调整机制其实是先利他后利己的公平设计方案，PE 机构对目标企业投资时，往往按 P/E 法估值，以固定 P/E 值与目标企业当年预测利润的乘积作为目标企业的最终估值（按照现在除科创板之外的拟 A 股 IPO 的估值标准来说，不同行业的估值大约在 5 ~ 30 倍），以此估值作为 PE 投资的定价基础进行投资；PE 机构投资后，当年利润达不到约定的利润标准时，按照实际实现的利润对投入资金时确认的估值进行调整，退还 PE 机构投资资金或增加 PE 机构在被投公司的持股份额。

例如，目标企业预测当年可实现利润为 1 亿元，商定按投后 8 倍 P/E 估值，则目标企业整体估值为投资后 8 亿元，PE 机构拟取得 10% 的股权，则需投资 8000 万元。投资后，目标企业当年实现利润为 6000 万元，按 8 倍估值，整体估值须调整为 4.8 亿元，PE 机构拟获得 10% 的股权，投资额就调整为 4800 万元，需调整的投资部分为（8000-4800）=3200 万元。这部分差价或用新的估值来计算当时投入的资金所占有的股权比例，由实际控制人来补足，或者维持原有比例而退还相应资金。这个选择权一般是由投资机构来行使的。

业绩补偿条款，是指被投公司或实际控制人以及一致行动人的股东与投资机构就未来一段时间内目标企业的经营业绩进行约定，如果目标企业未能实现约定的业绩，就需按一定标准与方式对投资机构进行补偿。

完成经营业绩的要求一般设定在 80% ~ 90%，看企业和投资机构在被投时达成的默契。如果投资机构比较看重企业后续的发展，也不排除设定在 70% 甚至更加宽松。不管前面怎么看好，在签署协议后就是有法律效力的，就需要企业在收入上能够达到当初对投资机构承诺的指标值，以避免发生不愉快的纠纷。

股权回购条款，是指被投公司或实际控制人以及一致行动人与投资机构就目标企业未来发展的特定事项进行约定，例如业绩完成情况和上市时间表等。如果附加的条件实现不了，投资机构有权要求被投公司或实际控制人以及一致行动人回购其所持目标公司股权。其实，对于投资机构而言，是否要求回购也是个两难选择，企业发展顺畅的时候，不想要求回购；有时候迫于基金到期等限制又不能不要求回购。

企业发展不顺，遇到经营困难的时候，想让企业回购，企业和实际控制人又可能没有能力。

股权回购条款其实与银行要求还款一样，企业本身是第一还款来源，不到万不得已，是不希望动用第二还款来源来还款的。相对于银行更加注重的有形资产和更加注重还款的数额而言，股权投资机构更看重的是团队的运营能力和企业的成长空间。因为股权投资机构投资的企业有形资产拥有率一般都不高，实际控制人及一致行动人可能比较年轻甚至没有固定资产，也就意味着回购更加没有保障，没有能力回购的投资可能会血本无归。

也正因为如此，对投资人筛选审核项目的标准和眼光要求就会更高，这可能也是风险投资的魅力之一。

2019年，最高人民法院正式印发《全国法院民商事审判工作会议纪要》，其中关于对赌协议的内容如下：投资方与目标公司订立的"对赌协议"在不存在法定无效事由的情况下，目标公司仅以存在股权回购或金钱补偿约定为由，主张"对赌协议"无效的，人民法院不予支持，但投资方主张实际履行的，人民法院应当审查是否符合公司法关于"股东不得抽逃出资"及股份回购的强制性规定，判决是否支持其诉讼请求。投资方请求目标公司回购股权的，人民法院应当依据《公司法》第三十五条关于"股东不得抽逃出资"，或者第一百四十二条关于股份回购的强制性规定进行审查。经审查，目标公司未完成减资程序的，人民法院应当驳回其诉讼请求。投资方请求目标公司承担金钱补偿义务的，人民法院应当依据《公司法》第三十五条关于"股东不得抽逃出资"和第一百六十六条关于利润分配的强制性规定进行审查。经审查，目标公司没有利润或虽有利润但不足以补偿投资方的，人民法院应当驳回或部分支持其诉讼请求。今后目标公司有利润时，投资方还可以依据该事实另行提起诉讼。

在法律和利益面前，资本是无情的。企业在做出对赌决策之时，实际控制人需要对自己给出的承诺抱有敬畏之心，要合理设定各项对赌指标，审慎确定对赌估值。在面对未来有可能出现的大环境恶劣变化，政策层面出现不利于企业发展的影响，以及同行业竞争者的你追我赶互相"厮杀"时，企业要在谨慎乐观的同时，考虑到让作为合伙人的投资机构能够赚到钱，并且退得出去。入了"朋友圈"就是一家人，成为一家人之后应该互相支持，共同完成下一轮融资直至上市或者被并购。

在对赌协议中，有些投资机构还会强势地要求现有被投公司股东（非投资机构类），以及被投公司关键管理人员和核心骨干与被投公司签署不竞争及不引诱协议。协议约定现有被投公司股东（非投资机构类）应全职且尽最大努力发展被投公司业务、保护公司利益。未取得本轮投资机构书面同意，创始股东不得直接或间接拥有、管理、经营、咨询、提供服务、参与任何与公司业务存在竞争的实体，也就是前文说的在外部推进被投公司的竞业禁止现象。

下文讲的是一个非常可惜的案例。

C 公司为国内激光雷达制造商，产品线包括激光导航避障雷达、激光成像雷达、长距离检测雷达等多种类型的激光雷达。

该公司 2017 年营业收入 1.4 亿元，净利润 3000 万元。B 轮融资拿到了某投资机构的 5000 万元人民币股权投资，投前 4.5 亿元人民币估值。公司对赌在 2019 年底前申报国内 IPO，并且净利润在 2019 年年中达到 3000 万元，全年完成净利润 6000 万元。如果无法完成申报 IPO 或净利润指标，公司实际控制人将按照复利 15% 进行回购。

该公司对赌的信心来自汽车自动驾驶技术的迅速发展。

特斯拉是其典型代表，它的出现颠覆了传统汽车对智能网联的认识。美国车联网协会预计从 2025 年到 2030 年，大多数汽车将实现全自动化。

随着中国将智能汽车列入顶层发展规划，以及 5G 时代到来等一系列有利因素的推动，国家政策驱动着自动驾驶技术快速发展。2020 年 2 月，国家发改委等 11 部委联合印发了《智能汽车创新发展战略》，提出了 2025 年实现有条件智能驾驶汽车的规模化生产（L3 级别），2035 年全面建成中国标准的智能汽车体系的愿景。

按照欧盟设定的自动驾驶规划，2020 年部分汽车自动驾驶水平达到 L3 或 L4 级别，新车都实现智能网联。2030 年，不再销售大部分非智能网联汽车，自动驾驶汽车正式取代传统汽车。自动驾驶汽车时速低于 30 公里的无人驾驶系统需要配备激光雷达才算安全，考虑到单目视觉系统的探测距离，其对应的最高时速一般不超过 65 公里，双目则可以达到 90 公里。

无论是高速公路的无人驾驶，还是城市道路的无人驾驶，除了 5G 实时传输信号的诉求强烈之外，汽车雷达也是汽车感应识别硬件中的必需品。按照全球汽车产量来计算，使用的雷达数量将达到天量。

目前激光雷达有几种技术路线，包括机械旋转式、微机电系统式、镜面旋转式、Flash 式、光相控阵式等。研究表明，不同技术方案都有其优势和劣势，行业专家也不确定最终最优路线是哪一条。如果公司选择的技术路线不是最有竞争力的，就将严重影响产品竞争力。该公司最终选择了机械旋转式的激光雷达路线。在现有众多服务型机器人和教育机器人使用的雷达中，这类路线的激光雷达也是主流。不过，这类雷达的成本一时降不下来。

激光雷达作为一种新兴硬件，需要跟客户紧密沟通，不断进行迭代开发，才能保证产品得到市场的长期认可。该公司研发的机械旋转式雷达已经把成本降低到超预期水平，也把相关产品销售市场做进了很多国内汽车厂商。

2018 年上半年，公司业绩增长超预期，收入达到了 1 亿元，净利润超过 2000 万元，公司想开启 C 轮融资，准备投前估值 10 亿元。

国家支持政策是积极的,增长预期也是正向的,投资机构和企业也都信心满满,偏偏在 2018 年年中的节骨眼上,同行业竞争对手 F 公司拿到了大笔投资机构的融资,远超该公司的融资金额。

仰仗背后有大资本力挺,F 公司开始大举挖人,C 公司作为行业龙头,成为挖人的首选对象。除了创始人本人之外,该公司包括技术总监、市场总监等在内的核心高管,以及他们领导下的技术骨干被"一锅端"了。

由于之前并没有签署竞业禁止协议,也没有对核心管理层和骨干员工进行股权激励,这些员工在离职时并无后顾之忧。人才流失对该公司的打击是巨大的,公司创始人心灰意冷,业务渠道也被同行业企业瓜分殆尽,还欠了原材料厂商一屁股债。2018 年底,该公司勉强保持了盈亏平衡。

投资机构在知道这个情况后,紧急启动回购条款。但是因为该公司创始人创业时破釜沉舟,已经把包括房产在内的所有抵押物都押给了银行,因而公司现金流也极度紧张,无法完成回购。投资机构无奈只能启动清算优先条款,对该公司进行破产清算,盼望从清算资产中挽回一点损失。

由此可见,实际控制人回购实际是一个伪命题,企业发展不顺畅时,实际控制人根本没有能力回购;企业发展顺利即将上市时,即使实际控制人想进行回购,投资机构也不会选择回购。而且多数时候，实际控制人是与其配偶一起签署回购协议的，在真的不想还钱的情况下，该转移的财产早就已经转移了，该抵押的也想办法抵押了，最后到实际控制人承担无限连带责任的时候，已经没有任何财产可供执行，甚至人跑到国外都有可能。所以项目所谓的"回购"就变成了投资机构手里的一手看似好牌的烂牌。

3. 反稀释条款保护了谁？

为防止标的公司后续融资稀释投资方的持股比例或股权价格，投资机构和被投公司一般会在投资协议中约定反稀释条款（Anti-Dilution Term），包括反稀释持股比例的优先认购权条款（First Refusal Right），以及反稀释股权价格的最低价条款等。

（1）优先认购权条款

投资机构和被投公司签署投资协议后，直到被投公司上市之前，假设被投公司决定再次以增加注册资本的方式引进新的投资者，应在召开相关股东（大）会之前书面通知本轮投资方，并向本轮投资方具体说明拟定新增发股权的数量、价格及拟认购方。本轮投资方有权利但无义务按其在标的公司的持股比例，按同等条件认购相应份额的新增股权，也就是说优先认购的主动权在本轮投资方手里。

此条款是为了防止企业一旦成为"爆款"，本轮投资方哭天抢地抢不到份额时，可以行使该权利，确保能够获得相应的投资份额。

（2）最低价条款

投资机构和被投公司签署投资协议后，被投公司上市之前，被投公司以任何方式引进新的投资者，都应当确保新投资者的投资价格不得低于本轮投资者进入时的价格，即准涨不准跌。

如果被投公司的新一轮融资价格低于上一轮融资价格，那么上一轮的投资方则有权要求被投企业的控股股东无偿向其支付等额现金，或者向其转让等值的部分公司股权，即以股权补偿或现金补偿的方式，使得上一轮投资方的投资价格与最新的投资价格等同。

反稀释条款的规定确实保护了投资者的利益，也保障了基金管理人对 LP 的交代。企业因为对自己的发展有信心，也能为下一轮融资确定一个优先投资者名单，所以也不会排斥此条款。只不过影响企业发展的因素太多，无论是政策变化还是核心人员的去留，无论是投资机构的偏好变化还是资本市场热点的轮换，都有可能对企业的下一轮融资产生负面效应，让企业陷入两难。

如果不能根据实际情况压低估值，按照预期融到下一轮资金，很有可能一不小心就把投资者和企业都"收割"了。

下面这个"骑虎难下"的例子，能充分说明该条款的威力。

某核电站配套高科技企业，是专业从事核安全阀门的研发、生产、销售和服务的企业。

公司有高科技企业的基因，公司前几大客户也都是优质的央企，除此之外还有国产替代的强概念可以用来炒作，核电站市场的稳定性和可以预期的快速增长也是非常吸引人的概念。日本福岛核事故发生后，中国国务院先后印发了《核安全与放射性污染防治"十二五"规划及2020年远景目标》《核电安全规划（2011—2020年）》，进一步提高了核电的生产安全度。政策上的支持凸显，再加上当时的二级市场对核电相关企业的追捧力度很大，诸多券商也纷纷出研究报告，披露国家能源战略规划对核电站带来的积极影响。二级市场的核电相关企业股票都随之涨幅惊人，已经超过了历史市盈率水平。

2015年左右，监管部门大力发展多层次资本市场，很多企业在中介机构的辅导下，开启了新三板之旅。该企业一方面确实需要规范财务，完善公司治理结构；另一方面为了能够更好地得到投资机构的青睐，也选择了登陆新三板。

按照企业实际控制人的构思，该企业会在登陆新三板后进行两轮融资，随后停牌申报创业板上市。于是，在做市商的设计下，新三板的二级市场来了一轮"爆炒"，交易活跃，交易价格也不断攀升，为定向增发造势。企业营业收入 3 亿元，净利润约为 3000 万元，加上券商组织投资机构各地路演，再配合二级市场的价格走势宣传，该企业顺利地以 10 亿元的投前估值拿到了 2 亿元的融资。

2016 年底，国家发改委、国家能源局正式发布《电力发展"十三五"规划》。其中提到了核电"十三五"规划目标，即"十三五"期间全国投产约 3000 万千瓦、开工建设 3000 万千瓦以上，2020 年装机达到 5800 万千瓦，年均增速为 16.5%。该企业因此需要扩张产能，还与当地政府达成协议，配合央企建设当地的核电产业园，共同打造国产高端制造业核电产业链，随之而来的就是该企业的估值水涨船高。券商趁热打铁，建议马上开启第二轮融资，也宣称这是上市前最后一轮融资。

在机构追捧核电概念股热度不减的前提下，该企业以当年营业收入 3.5 亿元，净利润 3500 万元的体量，最终以 20 亿元的投前估值拿下了某知名机构的 4 亿元融资，而且这一轮有一半的融资是上一轮投资机构贡献的，上一轮投资机构也为此动用了优先认购权。投资机构和企业都信心满满地开始准备创业板的 IPO。

国家政策千变万化，既定的政策在推进过程中也有可能不如预期。在核电站的建设中，按照"十三五"规划，到 2020 年中国运行核电装机容量将达到 5800 万千瓦，在建 3000 万千瓦。截止到 2019 年已建成运行核电装机容量为

4874 万千瓦，到 2020 年预计能够完成 5100 万千瓦，并没能达到"十三五"规划的要求。"十四五"规划预计 2025 年核电装机容量达到 7210 万千瓦。

该企业感受到了政策变化带来的寒冬。此外，还有两个竞争对手冒出头来，与海外阀门企业成立了国内企业控股的合资公司，在成本上和技术上都达到或超过了该企业的水平。另外，由于该企业本身的股权结构比较分散，早期的股权激励不能涵盖后来的核心工作人员，企业家手里的股权也不多了，导致核心人员流失到了竞争对手企业。

内忧外患带来的结果就是营业收入下降，利润也未能达到预期。幸运的是，该企业在融资初期没有签署对赌协议，否则很有可能就要在短期内进行回购，给自身带来运营上的资金压力。

按照保荐券商等中介机构的预期，该企业本来应该在 2020 年申报创业板。但由于 2019 年业绩下滑，还有新冠疫情的影响，又不能把业绩持续下滑的风险说得透彻明白，该企业决定在创业板上市前再融资一轮以补充经营性现金流。

而融资要面临的最可怕的事来了。这一轮融资的业绩无法支撑像上一轮一样高的估值水平，如果真的要向新一轮投资人融资，上一轮的估值就要下调，这在根本上触动了上一轮投资者的利益。触动了最低价条款，这轮的估值不能低于投前 20 亿元，新的估值暂定在 24 亿元。可是 2019 年该企业只有 4 亿元营业收入，4000 万元的净利润，按照现有估值来看，最多只能值不到 10 亿元，连上上一轮的估值都赶不上。如此这般，控股股东也没有办法拿出那么多现金补偿上两轮的投资者，分散的股权让控股股东的股份比例降低到了 25% 以内，如果把股权都补贴给投资方，控股股东就完全丧失掉了控股权，谁也不愿意见到这种情况。

从 2018 年起，股权投资机构的钱也开始紧张，大家都把高估值的企业排到后面跟踪。这种前面投资机构因势把估值抬上去下不来的结果，就会造成下一轮融资的遥遥无期，只能盼望政策回暖，客户能够给大批订单，被投企业顺利上市才能渡过难关。

然而，即使启动上市流程可以在书面得到投资机构同意的情况下让相关条款作废，投行也很难有把握在估值最低的时候找到合适的资金，以便在被投企业上市前完成投资。上几轮投资者被困在企业里，万一股价上扬解禁，肯定是第一个就解套砸盘的，不太有新投资机构敢冒这种风险。

在这种情况下，已经进入的投资机构也不能破罐子破摔，为了自己投出去的钱能够完整无缺，还得带着收益回来，万般无奈之下，只能花精力去做好投后管理，监督企业的运营。

另外就是尽量为企业赋能，帮助企业拓展核电站之外的业务，以期尽快把收入和利润冲上去，能够在 IPO 之后达到自己投资时的估值水平，顺利变现，而不是出现一个因为失败而拖累基金产品收益率的项目。

事实上，如果企业因为反稀释条款而陷入融资困境，解决问题的办法有不少。如果估值差得不多，实际控制人手里有足够的筹码，就遵守反稀释条款，要么补股份，要么补现金；如果本轮和上一轮的估值确实因为大环境或自身原因导致差得有点儿远，上几轮投资人投入的资金又比较多，就可以与下一轮投资机构商量本轮估值比上一轮高 10% 或更低，后期再通过员工持股平台预留出来的期权或个人方式进行补偿，或者先按照高估值投进来，再将部分现金返还等形式，尽量避免触发上一轮投资人的反稀释条款。

4. 领售权、随售权、清算优先权条款解析

领售权（Drag-along rights），是股东通过协议约定的某种权利，当该权利被触发时，享有领售权的股东有权利决定按一定条件对外出售其持有的公司股权，也有权要求受领售的股东按同等条件向第三人出售其持有的公司股权。其中，享有领售权的一方称为"领售权人"，被要求出售股权的股东称为"受领人"。领售权的设计初衷是避免大股东在出售公司或公司控制权时，小股东不同意出售自己的股权，阻挠交易完成。

投资机构签署这则条款，是在面临被第三方投资机构或上市公司并购时，为自己能够顺利出售变现留下腾挪的余地。因为在企业被收购时，收购方会根据战略布局和控制力

的需求，选择购买目标公司全部或大多数的股权，如果股权比例太低，就不能满足收购的意义。留下一部分股权给原有股东是很少见的，无论出于什么原因收购，收购方都不会希望有人跟着"坐轿子"。

随售权（Tag-along rights），即某一股东出售股权，其他股东也有权要求同时出售股权，是投资机构保护自己利益的手段。如果实际控制人或大股东出售自有股份变现，有可能使经营管理权发生转移，那么就跟当时投资机构投资该企业看中其团队的理由相背离，有可能会存在未来经营不善等风险。投资机构就会要求实际控制人或大股东在出售自己股权时等比例，或者全部把投资机构手中的股权一并卖给收购方。

投资机构基本是小股东，对公司经营管理缺乏控制权，如果没有董事席位，连知情权都不能被保障。正因如此，随售权就成了投资协议中必备的选项之一。

清算优先权（Liquidation Preference），即公司如果出现出售或清算等事件，投资机构要按照设定方式获得优先分配剩余资金的权利。公司发生合并、被收购、出售控股股权，以及出售公司主要资产等情形，导致公司现有股东在占有公司已发行股份的比例不高于 50% 的，被视为清算。清算优先权有两个组成部分：优先权（Preference）和参与分配权（Participation）。参与分配权，或者叫双重分配权（Double Dip）有三种：无参与分配权（Non participation）、完全参与分配权（Full participation）、附上限参与分配权（Capped participation）。总之，投资机构视清算为资产的分配，按照清算优先权条款签订的不同种类，如果投入资金不多，还是能够连本带利地拿回来的。

根据《首次公开发行股票并（在创业板／科创板）上市管理办法》的规定，发行人申报时需满足最近三年（创业板和科创板是两年）实际控制人没有发生变更的硬性条件。但上述权利的发生基本会造成实际控制人变更。这种情况下，投资机构的变现就要完全寄托于出售或清算了。

投资机构涉及上述三个条款最出名的案例非俏江南莫属。

2000 年，张兰在阿兰餐厅创业成功后，又陆续投入6000 万元创办了俏江南餐厅，品牌定位是高端川菜，京剧脸谱成为俏江南最具特色的 LOGO。高端川菜之前在市场上几乎是一片空白，俏江南一出现，当即引爆餐饮圈。

随后，俏江南在很短的时间内连续开店扩张，加快了流水增长的速度，开的每家店都很火爆。随后，张兰又拿出利润不断去开店，进一步扩大经营规模，因此很快得到了资本的青睐。

2008 年，张兰对资本市场的认识更加清晰，也从湘鄂情等同业身上看到了高端餐饮上市的可能性，便想加快运作俏江南在中国香港上市。

经过多轮谈判和对合格投资机构的筛选，张兰最终锁定了鼎晖创业投资管理有限公司（以下简称"鼎晖创投"）作为本轮的战略投资人，最终俏江南成功引入了鼎晖创投 2 亿元的股权投资，占股比例约 10.5%。张兰还与鼎晖创投签署了一份"对赌协议"，如果俏江南不能在 2012 年年底上市，张兰将需要按照带复利的价格回购股份。

当时张兰对俏江南充满了信心，但之后几年高端餐饮遇冷，上市公司湘鄂情的业绩也下滑严重，无奈之下只好变换公司主营业务。

市场大环境带来的高端餐饮萧条也没有放过俏江南，随着上市计划的失败，最终触动了领售权条款，公司的出售成为清算事件又触动了清算优先权条款。

2014 年，张兰只能将手中 69% 的股份出售，而鼎晖创投则将新的投资人 CVC 资本合伙公司（CVC Capital Partners），简称 CVC，全球领先的私募股权和投资咨询公司之一）引入俏江南。从那时开始，CVC 便成了俏江南最大的股东。

最终，张兰遗憾出局。

领售权、随售权、清算优先权是投资机构在几乎每个投资案都会用到的条款，说到底，就是从各个方面把自己投资进去的钱保护起来，用于被投企业的经营管理。一旦遇到风险或利益变现的机会，就会触动这几项条款。换作是企业家作为 LP，肯定也希望帮助自己管理资金的投资机构能够在谈判时把这几条都加上，并且随时监控企业经营风险，一旦有风吹草动，先退出来为宜。

（五）上市前的焦虑源于四个因素

正如大考之前很多人都有考前综合征，表现为焦虑不安、紧张烦躁、无所适从等一样，上市是企业面临的大考，这场考试不但要看考生内在的实力如何，而且要看企业股东的结构、市场的前景、过去的问题是否已经纠正。

投资机构千千万，适合自己的才合算；资本市场几条路，条条大路通罗马。越到临门一脚，越是容易哆嗦，想的事情也多得要命，患得患失，不知所措。企业家要摆正上市心态，放低融资姿态，把握做事仪态，才能"三阳开泰"，好事自然来。

1. 国内上市最后一轮融资找谁

选择在中国上市时，哪类投资机构在股东名册里会给企业加分，这是企业越面临上市越会深思熟虑的问题。知名机构的尽职调查比较严谨，但其可投资的逻辑与监管机构审核的逻辑还是有不小的差别。

在最后一两轮融资时，绝大多数企业对引进一家国有资本，尤其是央企资本是有期许的。国有投资机构基本都要求在投资决策终审会后进行国有资产评估，以防未来审计时会发生有人拿国有资产流失来说事的情况，这也就意味着在对企业估值谈判时更加强势，宁可不做，不可做错。容错机制较差和项目终身负责制的特点也会让国有资本负责人不敢拍脑袋决定高估值的项目。

尽管投资决策流程可能慢一点，可是"根正苗红"的投资机构成为自身股东又能带来社会影响力，所以很多企业宁可放弃一些知名民营机构的投资，也要在上市前引入央企、国企投资人。也正因为直投时大多有国有资产评估这个环节存在，企业的一级市场估值和发行的估值也更容易被认可，监管机构在自己的审核标准不被挑战的情况下，国有资本前一轮投资的背书也显得尤为重要。

假如企业在深交所上市，按照逻辑，像深创投这样的本地投资机构的严谨性和专业性能够给企业足够强大的背书。企业在上海证券交易所或科创板上市，由于有包括当地商务部门、区行政机构的支持和推荐，可能上海国有投资机构的进场会变成加分项。在当地投资机构影响力注入的情况下，再有一个央企或国家队基金进入股东名册也会有显著的积极作用。

这些有可能带来加分的机构，在国内上市敞口拓宽、标准降低的情况下，是企业要考虑的重要因素——虽然官方发布的标准企业满足了，但是也不代表就一定能上市，隐性的标准并没有降低。就像考大学，能加分的艺术特长、体育特长、奥赛冠军奖杯，只嫌少不嫌多。高考一次不行，还可以多来几次，如果上市报会遭遇撤材料或驳回，带来的重挫可能就是永远无法上市，也就意味着后续只能选择被并购、卖掉以实现价值。

对于业务对象是国家电网有限公司（以下简称"国家电网"）、中国石油天然气股份有限公司（以下简称"中石油"）、中国石油化工集团有限公司（以下简称"中石化"）、中国中车股份有限公司（以下简称"中车"）、中国电子科技集团有限公司（以下简称"中电科"）等央企的民企来说，能够找到最大客户出资成立的投资公司入股，借此进入优先采购的白名单，是求之不得的机遇和认可。

上述央企大都成立了独立于集团之外的投资公司，以满足集团对市场先进技术型企业的挖掘和扶持，能够在中美贸易战的形势下加快国产替代的步伐，再次面临危机时减少对欧美技术的依赖。这些投资公司通过资本和使用渠道的支持，能够让处于市场化的民企的投入研发有很好的产出比，利用民企灵活的薪酬奖励机制吸引海外科学家回归国内，进而做大做强企业。被央企"加持"过的民企往往会很快异军突起，就监管部门而言，也是一个加分项。

这类情形不仅在未上市公司发生，而且也在大量的上市民营公司发生。虽然很多已上市的民营公司家族持有的股权比例整合起来超过了60%，但是因为各种持有的人员和机构不同显得很分散，这时完全可以将单一第一大股东位置让出来，交给国有资本入驻。这样做的目的，不但能够给市值管理带来积极的效应，而且还能拉近与大客户的关系，巩固市场地位。这种资本运作是基于客户订单巨大、竞争对手开始崛起的情形发生的，对除竞争对手外的各方而言，均应属于多赢局面。

其实监管部门对各个市场化投资机构都有自己的判断，在审核过会过程中，见过了大量各种投资机构投过的项目，在投行把规范性都做到符合标准的情况下，对哪类投资机构的偏好和投资进入的时机也都有较为清晰的判断。监管部门更在乎的是资本市场的稳定，不允许过会企业在上会审核之前和审核过程中出现财务造假等丑闻。

投资机构其实与保荐机构、律师事务所、会计师事务所一样，是在上市的每个阶段对企业进行全面体检和审核的背书。此背书的强弱与否与投资机构本身的实力和风格息息相关，在国内知名投资机构和国有资本"加持"下，企业上市后的可持续发展会更有说服力。

下面是一个特别希望国有资本进入的企业案例。

某民营生态环保公司主营业务为"二地一山一河"环境治理，包括垃圾场及重金属有机污染土地修复、荒漠化盐碱土地修复、矿山修复、河道综合治理、生态景观和生态化市政设施建设等。企业的产业链完整，将策划、咨询、技术研发、规划设计、工程施工、产业运营等各个环节完整地结合为一体，是生态环保产业链一站式整体解决方案的综合管理服务提供商，取得了众多大型、超大型项目的承包承做权。

近期已经开启的 C 轮也可能是 Pre-IPO 轮融资，融资目标就是国企、有央企背景的投资公司，资金投资方向为补充工程施工业务营运资金、重组并购项目。具体包括增资子公司，补充 PPP（Public-Private Partnership，公私合作）项目中 SPV（Special Purpose Vehicle，政府与社会资本组成的特殊目的机构项目公司）资本金，收购水利水电施工总承包一级，风景园林工程设计专项甲级，水利行业河道整治、城市防洪专业设计甲级等资质企业，这些都可以为下一步扩张业务做好资质准备。

此前，该公司确实签署了不少框架性协议，也有很多实际发生的确定性订单，但也存在不少风险。

首先，该公司目前实行产业链一体化，但策划、咨询、规划设计、工程施工、产业运营都在不同的子公司或主体公司，会有相关的土地、厂房、设备、人员等是否具有独立性，以及存在可能发生的关联交易等问题。

其次，该公司当前应收账款、其他应收款、存货占比较高，存在一定的坏账风险。这需要对相关欠款方的地方政府财政实力、经济发展状况进行评估。

再次，该公司的主营业务很多都是以 PPP 模式开展的，PPP 模式下公司将沉淀大量资本金在项目公司，进一步挤占了母公司的现金流。PPP 或 BOT（民企参与基础设施建设，向社会提供公共服务的一种方式）模式开展的环保工程，在建设期间资本支出较大，需要依靠融资来维持对外扩张，一旦融资受阻将对企业产生重大不利影响。二级市场上著名的东方园林融资受阻事件，导致了公司股价大幅下跌就是一个例证。所以，资本市场对民企主导参与 PPP 及环保相关上市公司表示谨慎。

此外，市场关注了公司的银行信贷和借款评级，公司市场融资成本会有上升趋势，PPP 项目社会资本方的实际收益率将一定程度下滑。最后，后续的尽职调查还要关注当前履行的和未来签署的合同中，作为付款方的地方政府等主体违约、无法回款的风险。

此次对外融资，该公司需要引入强有力的股东，国企、央企战略投资者的加入对生态环保类公司好处良多。

一是可以拿到更多的政府环保项目。生态环保企业的技术路线各有不同，更多的是要靠创始团队和股东用资源拿项目。而生态环保项目大多数都是政府买单来施工的，该公司想要与当地政府签署排他性的框架协议，需要背后有强有力的推手出现。

二是可以拿到较低成本的债权类资金。PPP 项目资金需求量大、投资周期长。为了拓宽项目融资渠道、优化各方投资风险、提高社会资本参与 PPP 项目积极性，财政部还成立了总规模 1800 亿元的中国政府和社会资本合作融资支持基金（中国 PPP 基金），各地方政府也成立了一些 PPP 引导基金。PPP 项目最初被大力提倡的原因是政府想引入社会资本，撬动高速公路、市政建设、园林施工等方面的建设资金进入。通过采取政府利用非政府资金进行基础非经营性设施建设项目的融资形式、PPP、EPC（Engineering Procurement Construction，总承包）、整体委托开发等方式，加上地方基金和社会资本的支持，最终由政府回购或付费的合作模式，公司不但参与项目投资，而且还负责项目全部的工程施工。

三是可以洽谈一个较好的投资收益，在回款时有一些依仗。该公司项目 SPV 的投资回报率大约在 5% ～ 8%，除此之外公司还能获得项目工程收益，两项结合的综合收益率一般能够达到 10% 以上。

引入强有力的国有战略股东，除了在上市层面给民企背书加分之外，还可能解决民企在拓展业务时最头疼的资源不足的难题。地方国企的入股投资对地方项目的获取是有积极作用的，央企投资机构的入股更多的是一种国有身份的背书，能提高上市企业的信任度。

2. 实际控制人及团队控股比例稀释多少合适？

根据相关法律和政策规定，股份有限公司上市前首次公开募集股票，需满足以下条件：公开发行的股份达到公司股份总数的 25% 以上；公司股本总额超过人民币 4 亿元的，公开发行股份的比例为 10% 以上。实际控制人或一致行动人的股权比例如果在之前几轮的融资中被稀释到 50% 以下，在上市后的处境就会比较尴尬。

很多上市公司的实际控制人持股比例在 18% ~ 40%，如果流通股比较多，在未来再有多次定增后，就有可能被恶意举牌，失去对上市公司的控制权。对企业来说，每次融资的估值、融资额度、稀释比例都要精打细算，这一点非常重要。

通常情况下，在中国成立的多数创业企业，天使轮估值在 2000 万 ~ 5000 万元人民币，天使投资机构的合理占股比例为 10% ~ 20%。A 轮往往估值在 1 亿 ~ 2 亿元人民币，可以释放比例为 10%，再经过 B 轮的 10%、C 轮的 10% ~ 20%，上市公司实际控制人和团队的持股比例在 60% 左右，之后再经过一轮 IPO 募资的稀释，一般会维持在 40% ~ 50%。

一般在美元基金投资的企业里，从天使轮开始，估值便是汇率的倍数。当然美元基金投资的逻辑也是按照成长性陡崖式上涨来判断的，类似像阿里巴巴那样实际控制人股份被稀释到个位数的企业也有很多。只要市场拓展的脚步不停下来，企业的战略性亏损在继续，融资的脚步就一刻也不能停歇，停下来可能很快就会破产倒闭，因此就会有 D 轮、D+ 轮、E 轮、E+ 轮、F 轮……融资窗口期永远都是敞开的，无数的轮次下来实际控制人和团队剩下的可能只有 20% 多一点的股权。

创始人都明白一个道理，那就是蛋糕小的时候持有100% 股权也不见得多大，蛋糕大到 100 亿美元估值时，即使只是持有 1% 股权也将是巨额财富。

实际控制权，是指企业不同的利益参与者对企业运行和企业重大决策产生的实际影响，是实际做出决策的权力。一家企业的实际控制权都应该掌握在最核心人员的手里，而不是投资人手里。无论股权比例被稀释到多少，公司管理层对公司的控制权都应该是持续的，当初投资机构进入的初衷也是基于对团队和公司行业市场未来前景的判断。

根据《公司法》，股权的占比是实际控制权的基本判断标准。说句题外话，如果投资机构成为一致行动人，股权比例超过管理团队，是不是就会反过来要求管理团队听从投资机构指挥，而接手企业经营呢？

现实中有这种情况发生，不过结局都不算太好。如果单纯由投资机构或投行出身的职业经理人从事实业管理，是很难在短时间内形成实业思维的，企业各个层面的具体实操也是投资机构人员不曾经历过的，这不是一朝一夕就能够适应并完美承接得下来的。这种情况下，很难用投资机构股东委派自身员工管理的形式接盘一个实体企业乃至上市公司，最好的办法应该是另行寻觅业界优秀的经营管理者作为职业经理人来盘活收购的企业，这样才能实现利益最大化。

创业公司股权稀释过多导致控制权丧失的案例很多，尤以雷士照明控股有限公司（以下简称"雷士照明"）吴长江的案子最为典型。

1998 年，吴长江的创业团队，包括其同学杜刚和胡永宏，组成了雷士照明的核心班底，胡永宏主管市场营销，吴长江负责工厂管理，杜刚负责调配资金及政府关系。吴长江出资 45 万元，杜刚与胡永宏各出资 27.5 万元，以 100 万元的注册资本在惠州创立了大名鼎鼎的雷士照明。股权结构为吴长江占比 45%，杜刚和胡永宏合计占比 55%。

随着雷士照明产品在市场中大放异彩。在没有实现收益的时候，股权比例的多少看不出问题，一旦收益大到足以让同学之间产生龃龉，就威胁到了创始合伙人的稳定性。2005 年，雷士照明董事会决议决定雷士照明作价 2.4 亿元，杜刚和胡永宏答应吴长江从企业拿走 8000 万元；作为交换，吴在企业拥有的股权归其他两位股东。三天之后，全国各地的经销商赶到雷士照明，经过投票表决，供应商和经销商全票通过吴长江留下，而杜刚和胡永宏各拿 8000 万元离开企业。

两位创始股东的离开，一方面使得雷士照明的资金开始短缺，另一方面也带走了公司的很多客户资源。吴长江开始通过关系求助，想邀请联想控股股份有限公司（以下简称"联想控股"）入股雷士。在联想某位联合创始人的联系下，与联想控股有合作关系的叶志如通过正日实业集团有限公司（以下简称"正日公司"）借款给雷士 200 万美元以解燃眉之急，并在后来顺利完成了"债转股"。

2008 年，雷士照明希望实现技术突破，从而带动产品的销售，便以"股票＋现金"的方式收购了世通投资有限公司。为了完成本次交易，雷士照明开启第二轮次融资。在第二轮次融资中，高盛集团（以下简称"高盛"）与软银赛富基金管理有限公司（以下简称"软银赛富"）联合向雷士照明投入 4656 万美元。经过这一轮的股权稀释，软银赛富变成了第一大股东，吴长江第二，高盛第三，软银赛富占 35.71% 的股权，享有一票否决权。在公司董事会中，软银赛富的阎焱控制了三席，作为创始人的吴长江只控制了两席。

2011 年 7 月 21 日，雷士照明引进法国施耐德电气有限公司（以下简称"施耐德"）作为策略性股东，由软银赛富、高盛联合吴长江等六大股东，以 4.42 港元 / 股的价格，共同向施耐德转让了 2.88 亿股股票。施耐德耗资 12.75 亿港元，股份占比 9.22%，成为雷士照明的第三大股东。

2012 年 5 月 25 日，吴长江"因个人原因"辞去了雷士照明一切职务，接替他出任董事长的是作为雷士照明第一大股东的投资机构——软银赛富的阎焱，接替他出任 CEO 的则是来自施耐德的张开鹏。

其实，股权稀释带来的丧失控制权风险，是可以设计规避的。首先是股东会的控制权，创始合伙人设立有限合伙企业持股平台，通过表决权委托和一致行动人协议来实现较大比例控制权始终掌握在创始团队核心人员手中。创始团队同样可以用一致行动人协议和过半数董事席位由公司管理团队委派的设定来控制董事会，也可以通过总经理、财务总监、市场总监、技术总监、人力总监、运营总监等核心岗位人选的选聘委派，作为对公司实际控制权认定的筹码。

上述防范性措施是在无数次资本与企业创始团队之间的博弈中总结出来的，虽然不能完全规避创始人被踢出局的可能性，但是至少在谨慎确认对赌协议条款，不拍脑袋随便承诺业绩和上市时间的情况下，很难走到像雷士照明创始人吴长江这样结局。

根据科技创业企业缺少资金支持、注册资本比较少的特点，随着不断地发展壮大，企业往往需要经历多轮股权融资，如此可能会导致企业创始股东及其他对公司科技创新有重大影响的股东的持股比例不断被稀释，继而逐渐失去对公司的控制权，不利于公司的进一步技术更新和长期发展。

2020年8月30日，深圳市人大常务委员会正式发布《深圳经济特区科技创新条例》，借鉴了美国等发达国家和地区以及我国科创板的做法，变通国家《公司法》关于公司实行"一股一权""同股同权"制度的规定，在国内立法中首次确立公司"同股不同权"制度，并允许设置特别表决权的公司通过证券交易机构上市交易，从而保证上述所列股东在公司进行多次股权融资后，仍可以以较小的持股比例对公司享有控制权。

吴长江说过："在美国上市的科技公司，允许创始人设计 1 ∶ 10 的投票优先权，创始人的 1 股相当于投资人的 10 份股票。哪怕创业者在公司只有 10% 的股份，另外一个机构投资者占 90% 的股份，公司控制权依然在创业者手上。因为创业者是 100% 的投票权，而机构投资者是 90% 的投票权。"

此条例一方面有利于保护公司创始股东的权益，激发他们引进资本的积极性，吸引全球创新人才到国内，尤其是深圳来创业；另一方面，也为资本市场提供了试水的可能性，未来有可能涌现出像阿里巴巴、腾讯、京东这样的只能在海外搭建架构的公司回归国内资本市场。同时，科创板的敞口也能在大陆法系和欧美法系、国内上市规则和国外上市规则之间寻找平衡，尽量让在国内发展壮大成独角兽的公司在国内上市，让国内的机构和股民享受到二级市场的资本红利。

3. 地方产业基金不香吗？

公司有 KPI，地方政府官员同样有 KPI，尤其是招商引资、吸引外资是这两年地方政府重要的考核指标。单纯地靠"五免五减半"的税收政策吸引外来企业进入的难度越来越大，很多地方政府的政策比着来，一个赛一个地给力。招商局的工作任务就是招商引资，遇到合适的企业不仅要三顾茅庐登门拜访，而且还要介绍当地业务对接等，但是效果往往不尽如人意。有的省级高新技术产业开发区（以下简称"高新区"）为了通过扩大税收提升到国家级高新区，还有很多优惠的返税政策，对行业准入也少有限制。

在面临招商引资"红海"的情况下，企业怎样毛遂自荐、脱颖而出，从而获得优质投资机构入驻，这是一门学问。

不同发展阶段的企业都有不同的诉求：有的企业需要的是生产要素，比如土地；有的企业需要的是资金支持。而能给地的政府有很多，能给资金的政府就很少了。财政收入富裕的政府基本都在长江三角洲（以下简称"长三角"）和珠江三角洲（以下简称"珠三角"）两个湾区。曾有传闻说某省要对招商局系统进行改革，按照企业化运营，给予一定的支持资金，用于吸引优质企业落地，配合资金、政策、生产要素、优先列入地方相关业务的白名单，打一套招商引资的"组合拳"。如果真的能够实现，这肯定是行之有效的办法。

通常最有效的招商引资做法是用政府产业引导基金来撬动社会资本。对基金管理机构予以资金配套支持，基金规模不超过 10 亿元的话，市、区（县）两级一般能够配到 30% 左右，如果有能力找到省里出资，省、市、区（县）三级最高可以配到超过 40%。按照惯例，要求的反投比例为 1 ：2 左右，满足反投的认定可以叠加计算，也就是说，投到了区里就算投到了市里，投到了市里就算投到了省里。

由于企业搬家变更注册地越来越难，反投标准的认定逐渐变得市场化，认定宽松的情况下在当地注册子公司即可，或者原来的基金管理机构拉来的企业只要落地，也算完成部分反投。

对于落地在长三角、珠三角或其他发达省份的发达城市，大多数被投公司是不排斥的，毕竟也要发展全国业务，在当地有一个抓手，可以迅速挖掘地方业务潜力，实现多条线增长，还能够得到当地政府的另眼看待。如果支持力度足够大，还能很快用产出反哺母公司的投入。

地域的差异让营商环境的吸引力不如两个湾区的东三省、西南、西北片区的产业基金，找到合适的基金管理公司的需求很强烈。各地反投标准的认定越来越宽松，如果完不成反投指标，基金产品最后可能不了了之，甚至反过来被要求赔偿地方产业基金损失。基金管理公司也害怕搬起石头砸自己的脚，里子面子都丢了，爱惜自己羽毛的基金管理公司都非常谨慎，在衡量投资难度之后往往都会选择宁缺毋滥。

地方政府不止有引导基金，还有直投基金，以及很多省级、市级的高新技术投资公司、创新投资公司。这些投资机构投资后可以作为直接股东，参与被投公司的股东会。被派出人员在获取知情权的同时，会或有或无地参与到被投公司的运营中去，也会在当地拓展客户方面起到重要作用，从而促进当地的业务突破。

而在北上广深几大城市成立的公司，需要拓展其他各地的业务，无论是 To-B（Business，商业）企业、To-G（Government，政府）、To-C（Customer，消费者），都需要在下线的城市部署城市合伙人。城市合伙人不仅能够带来丰富的当地资源，而且还有当地股权投资机构的青睐，可以适时地缓解企业，尤其是初创型企业的资金紧张情况，也可以将先进的技术和实践应用更加顺利地结合起来。当地公关等各方面业务事宜也可以交给当地的城市合伙人去处理，总部只需要提供技术和服务支持就可以了。

下面的案例很能说明地方投资机构的赋能水平。

某省国有投资机构混改成立的投资机构 D，混改后的股权架构为省国有投资占比 60%，团队占比 40%。团队成员基本来自原省国有投资平台，机制也因为混改而变得非常灵活，每年几个合伙人都能分到上千万元的奖金。

作为省国有投资平台的混改"亲儿子"，省里给了海量的资金由 D 机构直投或作为 LP 投资。在省里能够拿到 D 机构的投资，就代表得到了省里的认可，所以很多省内企业对 D 机构频频示好。

在一些独角兽企业和准独角兽企业想要进入该省拓展业务时，最终能够找到的捷径也是通过 D 机构的入股，带动企业走顺各级地方政府的关系。因为如果政府招标时在股东名单里看到有 D 机构时往往会另眼相待，而作为享受了政府红利的 D 机构来说，除了能够完成给 LP 赚取长期高额投资收益的目标之外，还能辅助政府完成招商引资任务，这是用资金撬动招商的重要尝试。

D机构有两个部门人员众多，一个是投资部，一个是投后管理部。投资部负责投项目，投后的赋能和管理都交给投后管理部。因为有巨量的"资金池"，投资各个阶段的团队随时都有项目要看，每周都有立项会或投决会要过，并没有时间和精力再跟进投过的项目，更别说为其赋能了。而投后管理部的人数多达60人，并且分工明确，有人专门负责对接各级政府部门，有人专门负责对接省内的大型国企，有人专门负责对接省内各地区的中小国企。

在民企眼里，国企和政府的标书是公司做大的引擎，因为它代表了数额巨大的订单及丰厚的利润，也是一家企业能够登陆A股的重要力量。

显然，D机构更早地认识到了这一点。他们通过串联当地资源关系，为投资过的企业带去订单业务，从"大营销员"的角度去回看投过的项目，为产品找市场销路，为降成本去争取当地政府的政策性减免，以及科学技术委员会等部门的补贴政策。

另外，D机构聘用的相关团队成员在当地的个人资源禀赋也都很强，能够把各方关系打点得清清楚楚，甚至最终能与投资者成为业务上的合作伙伴。

在国家级基金和地方产业直投基金的比较中，国家级基金给予的是基金品牌的背书，是国家对公司团队、技术、产品的认可；而地方产业直投基金带来的不仅是国有基金的品牌，还有当地的资源和业务合作。如果被投公司不是非得希望知名机构或国家级基金进入的话，应当首选当地政府的直投基金作为股东，这样能够快速打开当地业务之门。

如果市场容量足够大，一个省的很小比例的项目就足以把一个上市公司的业绩做靓了，这样即使上市投资机构退出，投资机构的员工也可以继续在业务上与上市公司做合作伙伴。

4. 在境内上市还是在境外上市是如何权衡出来的？

中国巨大的市场容量给资产带来的迅猛发展，引得很多国际顶级投行和资产管理公司陆续进入，或者扩大在一级市场的布局，比如贝莱德集团公司、韩国未来资产集团等。中国多层次资本市场的不断健全，也让瑞银集团等国际机构对开展人民币一级市场投资充满了信心，大量招兵买马，做美元和人民币双头发展。

根据不同的行业属性，适合的投资人会适时地出现。例如对 To-C 的互联网企业而言，由于发展需要大量资金投入，于是纷纷搭建了 VIE（Variable Interest Entities，可变利益实体）架构，在中国政府及国内众多人民币基金无法认可互联网科技公司估值的环境下，VIE 架构成为拿到美元基金投资，让这些互联网企业到海外去上市的首要选择。

除了拿海外投资者的资金来招聘大量的人员拓展地推渠道，这些互联网企业还需要有大量应对上游合作方的商务人员。另外，互联网研发人员的工资近几年也在不断地提升，因此在发展的前几年企业都会处于战略性亏损的阶段，已经上市的如阿里巴巴、拼多多，尚未上市的如朴朴电商等，这与美元基金的投资逻辑是一致的，不会追求一时之盈利，更关注对市场的占有率和未来的定价权，以及市场规模化后带来的衍生效益。这类企业的估值与美元基金的估值也非常契合，要么按照 P/S 来估值，要么按照客户数量来估值。

根据国家发改委的战略新兴行业目录，高端制造业和新一代信息技术涵盖范围颇为广泛，也成为绝大多数 PE 机构成立后的主攻方向。又因为医疗行业的专业化程度要求较高，这三个行业几乎成为所有账上有资金或正在募集资金机构的必选行业投向。

随着国内对半导体行业、医疗行业的支持力度大幅提升，港股和科创板的"特殊优待"也让大批此类企业应运而生，很多跨行业的概念派诞生，仿佛再现了当年光伏产业、造车新势力的历史。再加上这类行业在中美贸易战后对外资进入比较敏感，所以在国家级大基金的率领感召下，很多不知该何去何从的投资机构就转向这两个"高深"且专业的领域，造成这个行业已经出现一、二级市场倒挂的泡沫现象，趋势依然如火如荼。

相比较而言，高端制造业会以更快的速度出成绩。正因为如此，在资本看来，想象空间并没有半导体和医疗项目的大，较低的毛利率和 To-B 发展依赖大单和大资本投入的属性也会让一些想赚快钱的机构望而却步，比较适合稳健的国有 PE 出手。因为不但可以在国企内部提供资本和业务的协同，而且能让分管投资的领导有据可依。高端制造业对土地、厂房、设备的投资也是各地政府明眼能看得到的，对当地的就业拉动和税收承诺也基本会实现，因此地方国有投资公司对高端制造业比较偏爱，企业家也深谙此道。

究竟选择哪个资本市场去上市，与企业家的学历背景、工作经历和身边的朋友影响有很大关系。在跟风去做中国概念股（以下简称"中概股"）时，很多创业公司都搭建了 VIE 架构，拿的也是美元基金的钱，选择的估值方式也是按照美元基金的逻辑，可以承受更多的战略性亏损，却很难适用于国内基金的估值算法。科创板的出现和市场表现帮助这类企业打消了回国上市的疑虑。中美贸易战开始后，中概股被多次重挫，本身在国外的估值也不如国内高。随着国内资本市场的开放度越来越高，科技类公司的准入门槛降低，越来越多 VIE 结构的公司开始选择回归国内资本市场。

笔者以一个案例来说明"选择才是最大的成本"。

E 公司主营业务是为汽车、半导体、电子制造，以及其他各个行业在自动化生产过程中提供高速检测、高精度和稳定耐用的 3D 机器视觉系统完整解决方案。公司创始人为美籍华人，毕业于名校，且多次在全球重量级行业比赛中名列前茅。创始人创业之初也搭建了 VIE 结构，并且在美国设立了公司，后来才将主要工作地点搬到了中国。他在美国硅谷设有研发基地，公司设立之初确定的上市地点也在美国。

创始人的导师在国际上享有很高的声誉。在导师的力荐下，公司创始人在刚创业时就拿到了美国顶尖天使投资的支持。创始人将重心转移到中国后，美国的顶级 VC 机构又继续加磅投入。E 公司顶着名师、知名投资机构背书的光环，产品技术在中国领先了同行业公司几个段位。回国伊始，创始人很快就拿到了国内顶级机构的 A+ 轮、B 轮、B+ 轮的投资。

随着政策利好和社会资本的蜂拥而至，E 公司的细分行业市场很快就爆发了。在创始人国内的优质同学资源和投资机构的推荐和帮助下，E 公司的产品脱颖而出，迅速拓展了渠道，收获了很多知名客户，之前的研发投入资金也得以快速回笼。

随着国家政策和监管部门对 A 股科创板和创业板上市持更加开放的态度，中国优质资产和资本市场规范度和活跃度的提升，吸引了大批海外投资机构进入中国，其中就包括投资了 E 公司的顶级天使机构和顶级 VC 机构。这种情况使得 E 公司即使是在国内变现，也符合投资机构的利益诉求。因为对于采用 VIE 架构的公司，面临风险最大的是投资人。

投资人投钱后，只持有境外壳公司的股份，不持有最有价值的内资公司的股份，只能通过协议控制内资公司和获取收益，而协议是比较容易被破坏的。所以投资人具有在国内变现做人民币基金的诉求。这么多因素综合在一起，股东也明确表态支持以后，创始人决定，选择拆 VIE 结构在国内科创板上市。

在决定拆 VIE 架构回国上市之后，创始人开始思考国内上市公司登陆资本市场后可行的资本运作方式方式，以及上市公司在各地能够拿到的土地政策和补贴政策。在经过了解之后，他发现原来在国内上市比在国外上市要得到太多不可预期的好处。

现阶段，很多 VIE 架构的公司选择回归国内资本市场，笔者认为有必要把 VIE 架构下的公司搭建和拆解的步骤普及一下。

VIE 架构在中国又被称为"协议控制"，是指创始人在境外成立一个公司，再利用这个公司和境内公司签订一系列协议来控制境内的公司，目的是实现境内公司在海外上市。公司拆 VIE 架构回国后，需要引进境内的合格投资人，并通过规范的方式把之前引进的美元资本清理干净。

由于境内境外的架构体系不同，美元投资下对企业的估值和人民币投资下对企业的估值也是不一样的，而拆除 VIE 架构需要境内投资人把境外投资人的股份一次性买断。使估值观念统一，把估值拉平、让境内投资人和境外投资人一致认可是最重要的。VIE 架构的企业在回归境内上市的过程中，需要满足"业务符合外资产业要求""实际控制人在报告期内未发生变化""境外期权安排得以妥善处理"等实质性要求，需解决的还包括"境外私募投资者的权益处理""搭建红筹 VIE 架构的必要性",以及"上市主体的业绩连续计算"等法律问题。

VIE 架构搭建步骤如下：

第一，每个创始人以个人名义单独设立一个 BVI（The British Virgin Islands，B.V.I，英属维尔京群岛）公司，再由这些 BVI 公司共同设立第一层权益主体的 BVI 公司。根据英属维尔京群岛法律，注册公司除了每年必须缴纳的管理费，无须再缴纳其他税费，并且外汇管制宽松，注册简单，对隐私高度保护，是离岸公司注册的天堂；缺陷是公司信息不公开，法律制度不完善，世界上主要的交易所均不认可注册在英属维尔京群岛的企业上市，所以需要搭建第二个权益主体。

第二，由 BVI 公司与投资机构及公众股东共同设立海外第二级权益主体开曼（Cayman Islands，开曼群岛）公司，作为上市的主体。

第三，由开曼公司设立中国香港 SPV 壳公司作为海外第三级权益主体，开曼公司持有香港壳公司 100% 的股权，SPV 壳公司基于境内外第三方担保公司的担保，可以直接向境外机构进行债务融资筹措资金。

第四，中国香港壳公司在境内设立 WFOE（Wholly Foreign Owned Enterprise，境内外商独资公司），投资机构的投资款作为注册资本金进入 WFOE。WFOE 属于《中华人民共和国企业所得税法》（以下简称"《企业所得税法》"）上的居民企业，一般从事除禁止和限制外商投资行业以外的业务。

根据2018年12月29日修订的《企业所得税法》第三条、第十九条、第二十七条及其实施条例第九十一条规定，非居民企业在中国境内未设立机构、场所的，或者虽设有机构、场所但取得的所得与其所设机构、场所没有联系的，应当就其来源于中国境内的所得缴纳企业所得税。其中，股息、红利等权益性投资收益和利息、租金、特许权使用费所得，以收入金额为应纳税所得额；转让财产所得，以收入金额减除财产净值后的余额为应纳所得额；其他所得，参照前两项规定的方法计算应纳税所得额。上述提及的股息等收入减按10%的税率征收企业所得税。虽然香港壳公司属于非居民企业，但由于在中国大陆和中国香港之间有关避免双重征税的安排规定，对中国香港公司来源于中国境内的符合规定的股息、红利所得可以按5%的税率来征收，税收成本大大降低，在如战场的商场上，5%的优势已经可以让企业生存下去。

第五，WFOE购买或控制OPCO（Operating Company，境内运营实体）。为达到完全控制的目的，双方需签署一系列协议，包括《股权质押协议》《业务经营协议》《股权处置协议》《独家咨询和服务协议》《借款协议》《配偶声明》。这一系列协议签署后，注册在开曼或英属维尔京群岛的上市公司母公司达到了控制中国的内资公司及其股东的目的，使其可以按照外资母公司的决策来经营内资企业，实现利润分配和转移，最终在完税后将经营利润转移至境外的母公司手中。

按照美国的会计准则，作为经营实体的VIE实质上已经等同于 WFOE 的"全资子公司"。所以，开曼公司实际上完全控制着境内的运营实体，在海外资本市场，开曼公司的上市就等同于境内实体公司的上市。

搭建 VIE 架构所需公司申请材料如表 2-4 所示。

表 2-4　VIE 架构所需公司申请材料

公司名称	材料要求	优势
BVI 公司	董事及股东身份、住址证明文件复印件（身份证及护照；如相关人员为外籍人士，需要提供护照，并同时提供详细住址）。 公司名称。 注册资本（5 万股，每股金额自行决定，可以认缴出资）。 公司股东分配比例（股东为 2 名以上时适用）。 公司业务性质和经营范围	公司实体无须在注册当地运作，无须承担税负。 便于分布式管理（即转让手续便捷，只需将转让书及买卖书存盘到法定注册地址即可）。 可免除年审要求。 公司的注册资本为认缴，无须实缴、验资。 保密性强
Cayman 公司	董事及股东身份、地址证明文件复印件（身份证及护照；如相关人员为外籍人士，需要提供护照，并同时提供详细住址）。 公司名称。 注册资本（无限制，一般为 5 万美元，可以认缴出资），上市前需要实缴完成。 公司股东分配比例（股东为 2 名以上时适用）。 公司业务性质和经营范围	无外汇管制要求，外国投资者的资本、利润、利息和红利等可随时自由汇出。 股份转让迅速且不受限制。 公司可以在世界各地开设银行账户。 无须每年按期举行股东大会或董事会。 一个自然人即可注册公司名字无限制；注册资金无上限；经营范围广。 全球资本市场接受度高

公司名称	材料要求	优势
中国香港公司	董事及股东身份、地址证明文件复印件（身份证、港澳通行证、护照均可）。 公司名称。 注册资本。 公司股东分配比例（股东为2名以上时适用）。 公司业务性质和经营范围	合法避税。《内地和香港税收安排》第十条第二款规定："如果受益所有人是直接拥有支付股息公司至少25%资本的公司，预提税为股息总额的5%；在其他情况下，为股息总额的10%"
中国香港公司认证（设立WFOE时需要提供给国内市场监督管理和商务部门）	公司注册证书（相当于国内的公司营业执照）。 商业登记证（相当于国内税务登记证书）。 法团成立表格。 公司章程	
WFOE	香港公司注册证书复印件及公司法定代表人的护照复印件。香港公司公证认证文件原件。拟设立公司注册地址的房产证明复印件。 拟设立公司注册地址的租房合同原件。 拟设立公司法定代表人、全体董事、监事及经理的身份证	方便通过境内运营实体—WFOE—中国香港公司—开曼公司的路径进行利润转移

VIE架构的拆除可按照以下步骤进行：通过境外控股主

体赎回境外投资人股权等方式，使得境外投资人退出；境外控股主体等境外公司对外转让股权并且完成注销工作，注销要注意核查上述企业的合法合规性问题，若反馈期间未注销完毕，需要对注销是否存在实质障碍发表意见；解除 WFOE 与 OPCO 之间的控制协议，终止《独家技术咨询与服务合同》《股权质押合同》《独家购买权合同》、授权委托书及知识产权相关的许可和转让合同等；WFOE 或中国确定的拟上市公司主体，以增资或股权转让的方式引入新投资人或接盘的股权投资基金，经过股份制改造等程序，成为合格的上市主体。

拆除 VIE 架构需要经过商务、市场监督、税务、银行和外汇管理局等部委办局审批。企业在经过商务局登记备案之后变更企业基本信息，并到市场监督部门变更营业执照。如有大笔的美元汇到境外而导致原有境外投资人获利需要核税交税还要通过税务部门，用人民币购汇需要由银行去和外汇管理局沟通这笔钱出境的合规性。其间每一个环节都不能出差错。公司运作合乎规范是拆除 VIE 架构的必要条件。

（六）找定位：判断自身估值逻辑关键点

"知人者智，自知者明。"在经历了多种估值方法后，我们发现有些价值是估不出来的。估值可以说是永远不正确，也可以说永远都正确，说到底企业与人的境遇挺像的，"一命二运三风水""大富靠命，中富靠德，小富靠勤"，有时候优质企业的爆发要看运气，投资机构赚钱与否也要看运气。

赛道越宽，赛车手越多，哪个赛车手不是要越过重重险阻才能到达胜利的终点？企业仅有瞄准目标的战略眼光是不够的，还要有执行层面的金戈铁马，以及估值方面的清醒自知。

1. 从投资估值看战略与执行

企业对自己成长性的认识影响自身的战略布局，初创企业对战略的理解还是模糊甚至是盲目的，影响了对大势和对自身估值的判断。有战略理论家说，一个企业的战略眼光决定了这家企业的未来。这在理论上是说得通的，但是显然这个理论家没有办过企业。

企业成立后在第一阶段应该想的是怎么活下来，所谓"愿景"一般是为了鼓励企业家和员工，更多的是一种信念的力量，而不是真的战略。在投资机构和投行，笔者见过、访谈过数以百计的各类高层管理人员，其中不乏上市公司拥有千亿、百亿身家的企业家，没有人在企业微小时想过战略，都是想着先活下来，再找机会赚更多的钱让企业壮大，争取在自己的领域做到出类拔萃。

所谓"战略"都是跟着执行走的，因为机会总是瞬息万变，无论从政策、大的经济环境，还是从社会发展进程来看，都不一定能亦步亦趋地按照三年的战略规划走。中国的变化太快了，要因时而变、因势而变，要与时俱进。

"运筹帷幄之中，决胜千里之外。"战略之所以能被高举，是为了执行的高打，因而不能够为执行而存在的战略等于空谈。只有在执行过程中能够被不断完善和被充实的战略才是切合实际的战略，才是能够被企业家和员工认可的战略。

战略不能担当起引领企业发展的"明灯"时，就要靠企业家本身的行动力和捕捉机会的能力了。在民企中，这一点是其成长最核心的因素。

2015 年有一块很火的公益广告牌——"老板别哭"，为那些在经济困难期还能撑起企业运营，为员工提供工作岗位和工资的老板点赞。不过这也只是广告打气，并不能在实质上解决一个企业的生存问题，这也不是战略能够解决的问题。战略改变不了大环境，企业家只能对自己的心态进行调节，对员工进行鼓励。环境不好时，处于实际执行运作中的人根本无暇顾及战略的意义和指导性，或者不夸张地说，战略在此时甚至毫无用处，连"强心针"的功能都不具备。

（1）战略为执行导入动力方能体现出指导价值

大企业的愿景都是在麦肯锡等咨询公司的指导下，在实际控制人的野心勃勃中提炼出来的。超过 3000 万元净利润且可持续性强的企业并不多，所以全国几千万家企业里才有四千多家上市公司——实现战略所需要的规范性是经年累月的不懈投入得来的。

随着国家税法等政策越来越完善，监管部门的执法力度越来越大，很多中小企业也不得不按照规范性的路子走，而投资机构对规范性企业的认可和资本市场入口逐渐拓宽，给为规范性买单的企业带来了希望。有了资本的涌入和支持，企业的发展才能有实实在在的不竭，原来不敢想的方案也敢付诸实践了。在这个时候，战略的重要性和其对企业发展动力的影响就体现出来了。

在这些因素的推动下，在某些"不得不"面前，企业家选择了一条勇往直前的道路，那就是上市。战略思想的"变现"源于在资本市场能够变现，否则并不能触及企业家的兴奋点，把战略奉为圭臬的动力也正源于此。

（2）执行为战略反哺能进一步体现战略的价值

在战略意图一步步通过执行来实现的过程中，高中低层的执行者都会有意无意地对战略进行体悟，进而形成微妙的感受，比如对战略的误解、反对、认同。由于执行者所处层面的不同，使得获取的信息、接触的人群、对公司战略的执行都会有所不同，各个部门所遇到的问题也会有很大差异。

"实践是检验真理的标准"，作为企业的当家人，就必须统揽全局，多维度、全方位用前瞻的眼光不断地修正战略方向，在执行过程中发掘战略的误判处和闪光点，在实践中得到的经验和教训也是下一步贯彻战略方针的基石。

（3）战略可以严谨地适时而变才是活战略

在根据实践过程判断战略是否应该调整的前提下，企业家自身对战略可调整性的认可才是更重要的。对于从无到有、从小到大把企业作为自己的"孩子"来培养的企业家来说，没有什么比"孩子"的成才更重要。为了"孩子"，可以不惜一切代价——战略是为"孩子"成才服务的，不囿于形式，只为更好的发展。

执行过程中带来的心态改变很重要，另外，企业家周边的影响也是重要的。企业家通过身边的朋友或环境，意识到了此前战略的偏差，也会不断地"三省吾身"，在战略层面做出改变也是为了今后在执行层面能提前躲过"陷阱""谋定而后动""预则立,不预则废"。战略定位准确,再从战术层面部署,执行效率会事半功倍。

（4）执行可以完美落地才是对战略最好的执行

"战略上藐视敌人,战术上重视敌人",这句话在企业经营中同样适用。

为企业谋长久发展,重在执行的力度和完美程度。企业是一步步扎实地成长起来的,不是空谈战略就能谈出来的。每一个环节和每一个员工的执行力都可能会影响一个企业的生死存亡——企业经营有大开大合的战略部署,也有战战兢兢如履薄冰的执行要求。企业家的管理能力是否强大和企业本身的管理制度是否完善都会影响企业发展,下属员工的执行效率也会对企业发展产生积极或消极的影响。除非是时势造英雄,比如在新冠疫情期间,很多熔喷布和口罩厂商就有了突飞猛进的增长,虽然这是偶然现象,但是也给企业创造了新的业务条线,提供了改变战略的机遇,更有可能借此机会走向资本市场,达到中小企业原来不可企及的高度。

企业生存只靠战略是不可行的,只靠一个不变的战略更不可能实现企业家的追求,只有在脚踏实地的执行过程中,因地因时制宜,才能更好地制订出适合自己企业的战略。

2. 自身的出价得投资机构认可才行

随着中国资本市场的不断发展,多层次资本市场架构搭建的速度非常快，这也让很多企业，尤其是规模以上企业对自己的估值认识水涨船高。现实中有很多接近3000万元净利润的企业已经被创业板注册制的大潮带跑偏了，尤其是对自己估值的定价颇高，这也导致了在市场钱紧且优质资产稀缺的情况下，很多企业在发出的商业计划书被投资人看到自定义估值的一刹那就被放弃了。有的估值价格在投资人看完之后觉得还可以有砍价的空间，有的估值价格怎么看怎么离谱——双方估值差距过大会让投资人感觉企业家并没有真心摸清市场规律。

投资机构会认为既然企业自认为这么牛，那可以先四处看看，等碰碰壁再回来谈。虽然市场上好项目不多，但是投资机构也不会在一个对自己过于高估的企业身上浪费时间。

针对估值判断不准可能会影响融资进度和融资难度的情况，很多准独角兽、独角兽企业现在开始用一些原来投资过自己的机构人员承担企业的投融资工作，组建属于自己的产业基金，这已是一种趋势。

专业性较强的半导体、自动驾驶、新能源汽车、芯片等企业很多都被投资机构追捧到了10亿美元以上的估值；成长性较强、融资窗口不间断开启的互联网企业，也让融资变成了一个高频事件。在企业金融人才不足的情况下，最便捷的方式就是从曾经投资过自己的投资负责人下手，直接挖过来给高薪给期权，这样不但满足了专业人才引进的要求，还能很快打通下一轮的"接盘侠"链条。

　　股权投资一直是很辛苦的工作，人员流动性强是行业特点，在回报周期与人员流动周期冲突的情况下，很多从业人员是永远无法做到 MD 职级的。在国有投资机构，限于体制的约束，很多非市场化的薪酬机制约束了高素质人才的成长，更遑论在投资标的退出期能够拿到承诺过的 CI 了。在一些市场化机制不错的国有投资机构内，又有可能会受到企业内部派系斗争的影响，被辞退、被离职的事也并非少见。在市场化机制较强的民营投资机构，即使有合伙机制约束，很多时候非合伙人的高管也只是"种桃树"的人，吃不到五六年，甚至更长时间后才能成熟的、美味的"蟠桃"。

　　这个时候如果冒出一个工作机会，由专业投资人才化身为企业高管，抓住这个机会的人就会用自己的金融从业经验，结合现在投资市场的环境，搭建出适合企业的估值模型。更有甚者，还能帮下一轮融资的投资机构把尽职调查报告的初稿写完，这当然是曾经的同行喜欢的。

　　投资与买货卖货一样，买货的希望能物美价廉，价格越便宜在退出时就能赚得越多，跟 LP 分钱的时候就能分得越多；卖货的希望价格越高越好，价格越高拿到的钱就越多，在运营上腾挪的空间就越大，股东的股权价值也就越大。投资机构专业的人遇到企业里专业的人，便可谓"棋逢对手，将遇良才""行家一出手，便知有没有"，在谈判环节上，几乎没有相互占到任何便宜的可能。而且有行家在，还能够让企业扬长避短，很容易挠到投资机构的痒处。同时，又能严格地要求自己不漫天要价、虚张声势，如此这般，被砸场子的可能性就小了很多。各种套路频出，一个愿打一个愿挨，最终结果应该是皆大欢喜。即使这种可能性大于1%，此次聘用的人才也是物有所值了。

以下是一个"时势造英雄"的案例。

丘吉尔说过，不要浪费一场危机。危机即转机，游戏和在线教育等业态的春天到了。做好准备的企业也会抓住机会迅速崛起，估值也会实现完全符合商业逻辑的暴增。

观脉科技是拥有行业绝对领先技术、专注网络传输技术的高科技公司。

公司在美国硅谷成立全球技术专家委员会，拥有覆盖全球的高质量的智能网络，为企业实现无障碍业务连通：跨地域、跨运营商、跨云平台，以核心网络为基础，将安全、企业服务 SaaS、存储、AI 等能力融为一体，为企业提供可随时调取的互联网一站式服务。

公司从 2017 年开始建设 AllWAN 网络，经过数年的持续技术积累，已经形成覆盖全球的私有网络，稳定地服务众多大型客户。

作为覆盖全球的高质量私有网络，公司产品拥有几个特点：一是开通极速。0 ~ 5 天自助开通服务，专有 AllWAN 网络，数据传输快，全网时延优化，延传降低 30% 以上。二是可靠性强。高质量多路由优化及冗余骨干网络保障可靠性达到99%，彻底解决了偏远地区、跨境传输的互联互通。三是多种接入方式。5G、4G、专线、互联网等多种接入方式皆可操作。四是灵活度强。用户可按需购买，企业网络运营成本降低20%。五是安全性私密性强。抗DDOS（Distributed Denial of Service，分布式拒绝服务）攻击，满足高安全性的业务场景需求，构建私有传输通道，信息传输私密安全。六是全天候、全流程满足用户体验。用户实时监控网络运行状况，7×24小时运维保障。

2017～2019年公司营业收入年化增长率超过250%，毛利率也由2018年的35%提升至2020年的61%（上半年），得到行业头部客户认可，历史客户留存率超90%。市场反应是最敏锐的，也是最能说明问题的。公司的主要领地有三块：在线教育、游戏和办公软件。

在新冠疫情结束尚无期限的情况下，留学生出国上课是一种奢望。据统计，中国有超过200万名留学生需要也只能通过上网课来解决学习问题，低延时、高清晰度是最基本的上网课诉求。由于留学生分散在各地，每个人都有个性化的课程要上，这就产生了巨大的商机，按照每人每月200元计算，除去假期每年大概需支付2000元，200万人就是40亿元的大市场。除此之外，新冠疫情给学生生活带来的变化就是，各种线下班纷纷转到线上，且线上班的价格已经变得比线下班还要高。在线教育水涨船高形成了一个千亿级市场。

新冠疫情还带来了文娱消费的暴增，游戏发展得最快。

一方面是由于人们要在心理上寻求慰藉，希望能够花最少的钱满足精神的愉悦；另一方面是疫情隔离，除了远程办公之外，得以快速发展的就是远程游戏娱乐了。观脉科技作为给绝地求生等全球化游戏提供网络传输服务的超级供应商，做过数据统计，全球游戏加速如中韩加速里，在普通宽带延时是 100 ~ 450 ms，存在频繁丢包现象；用观脉科技的 AllWAN 加速延时是 38 ~ 45 ms，无丢包现象。这就代表着你的游戏角色在挥刀时，对方角色可以立刻出血；如果对方是普通宽带网络，会因为躲闪不及导致游戏结束。

观脉科技的办公软件加速应用在 Office365、Salesforce 等高应用率的场景中，跨国企业或大型企业是其服务的主要客户，各类视频会议的流量大战对用户体验的要求日益上升，谁能抓得住用户的喜好，谁就能上位名列办公自动化系统的前茅。理论上讲，这块市场天花板超过千亿级别。

各个行业网络应用的规模也在持续地高速增长，未来 5G、物联网等行业对网络的需求将大爆发。三个千亿级市场业务爆发带来的冲击是强烈的，市场天花板拉高上升的可能性完全存在。巨大的市场空间对企业估值短时间内的提升是非常有利的，观脉科技在经过 A 轮北极光创投、B 轮 SIG（海纳亚洲创投基金）、B+ 轮君联资本投资后，已经处于爆发期的前夜。龙头价值凸显，可以享受到行业龙头高溢价的待遇。

技术的先进性是阻碍同行业竞争者迎头赶上的壁垒。由于观脉科技先占了市场头部客户——网易游戏、VIPKID、链家、爱立信等，除非有更先进的颠覆性技术出现，否则很难有竞争对手虎口夺食。投资机构对网络传输服务商的考察重点也集中在技术领域有无替代企业出现这个问题上。在技术稳定性、先进性、实用性和经济性上都有无可比拟的优势的情况下，如果估值合理，投资机构肯定愿意花更大力气和资金追进去。

公司技术团队成员多在网络通信领域拥有十年以上工作经验，公司技术人员占比53%；创始人团队中有的是成功的二次创业者，有的是从国有平台毅然出海的技术达人，四个创始人之间熟识多年，这种组合也非常讨投资机构喜欢。在充分为投资机构考虑到科创板降温可能会出现一、二级倒挂的现象，且足够理性的前提下，创始人并没有要很高的估值，这是一种主动调整，利于得到投资机构的高度认可且愉快地推进项目。这才是真正双赢的结局。

（七）上市只是"猜中的开头"，
结局永远在远方

投资机构和企业成为一家人靠的是缘分，上市靠的也是缘分，缘分到了，事情自然就成了。千军万马过独木桥的场面在 IPO 这条路上每天都在上演，明着的坡、暗里的坑，不知道要披荆斩棘到什么时候，才能拿下长坂坡。"路漫漫其修远兮，吾将上下而求索。"

1. 上市前的内部绊脚石

能够在数千万家企业中脱颖而出，历尽千难万险登陆 A 股的上市公司都是有道行的。不管什么行业，在经济周期面前能够逆周期实现收入、利润的不断增长，不但说明企业在业内的地位非常稳固，而且也说明中介机构的工作做得很扎实。

企业适时引入保荐机构、律师事务所和会计师事务所，需要大概一年以上的时间来梳理完内部治理结构，规范账务，肃清历史沿革中留下的隐患，最后完成股份制改革。

这是一条漫漫长征路，会不断地冒出坑来，企业只能在中介机构的提醒下，不断把坑填上继续向前进。其中，中介机构的专业性在经过那么多次操作 IPO、再融资等项目历练后，不会有太多的差异化，企业内部的绊脚石却会始终贯穿于整个上市过程。

定了上市主基调之后，一旦企业下定决心要做，各种各样的问题都会显现出来，而如果不是为了上市，这些问题估计是企业家这辈子都不曾想过的，也是不曾需要解决的。

例如追根溯源找出来的企业内部贪污受贿、跑冒滴漏问题应该会引发"人事地震"，财务人员自身的水平不够或本身就存在违法违规操作，这些都是上市的阻力。此外，历史上存在的股权结构不合理也可能会让创始人和管理团队分崩离析。在股权结构比较分散、实际控制人不能完全掌控董事会的情况下，甚至连对"上市有无意义"这种问题都不能达成共识也会造成内部分裂。内部的不稳定会让很多中介机构不想再继续做下去。特别是民企还存在着很多内部的人事问题，人事权家族垄断造成人浮于事、任人唯亲的案例很多。家族式的治理结构或许可以让企业，尤其是初创企业蓬勃发展，同时又存在人才没有特别大的进步空间等诸多弊端。

笔者听到过很多上市公司老板苦笑感慨，"如果当初知道上市这么难，不管身边的人怎么劝，真的不会重来一次"。当然这都是上市之后的笑谈。假如很多老板都在上市的路上被这样那样的事情烦死了，后续就很难带领被投企业在资本市场有所作为了。

企业家要用创新的心态应对各种情况。企业上了规模，基本都处于运转流程常态化、制度化、标准化的状态中，产品和服务已经通过市场多年的检验。在商业模式不断创新的今天，企业家要始终保持活跃的创新思维。

企业的发展如前文所说，需要通过外部咨询机构或本行业专家集思广益，制定适合公司的发展战略，同时在运营管理方法上不断推陈出新，挖掘和适应新的客户需求。

上市之前要准备好资金以应对可能面临的外部环境的突然变化。申报IPO的前半年，为了避免被认定为突击入股，投资机构大概率不会选择在这个时点入股，企业融资也是在上市前紧锣密鼓的节奏中顺势拉进来一笔资金。

由于监管部门审核项目的时间不确定，是否能够成功登陆资本市场也不确定，所以企业在处于审核的过程中是不能有包括并购企业、大幅扩张生产经营等太多动作的。在此期间，主营业务保持平稳增长，符合中介机构和企业自身的预期，能够顺利应答监管机构的问题，就是交了一张最完美的答卷。

以下是一个"历尽千难万险上市"的"悲喜交加"的案例。

某民营家族企业是传统化工类企业。这个行业需要大资金投入，大资源扶持，当地政府给了很多优惠政策和补贴，银行和信用社也给予了最大的支持。创始人所在村子里的父老乡亲也有钱出钱、有力出力地帮助企业成长，因此股权上也就存在了很多暗中代持，创始人帮助代持最多的就是暗中或明里帮助过他的"恩人"们。因为创始人的人品和多年积累的市场口碑，还有这些"恩人"特殊的社会身份，所有代持都没有书面材料可以证明。

1996年的股市还没有遭遇金融危机，各地政府又表示对拟上市公司给土地、政策、补贴等各方面奖励，此时就有中介机构和朋友轮番上阵鼓动该企业创始人上市。当时行业景气度很高，每年的分红也足够多，财务操作不规范，帮助他的"恩人"们通过分红就能过得非常舒服。

很快股市遭遇了金融危机。股东们没有太多的股权意识，认为企业上市要透明化，还有可能让手里的股票贬值，上市与否没有那么重要，也就没把上市当回事。

2000年初，公司业务不断拓展，开始完成全国布局，创始人在各子公司层面也都给予了帮助他的"恩人"们大量的股权。如果此时选择上市，各子公司按照承诺的激励获得的母公司股份份额，把创始人持有的部分都拿来兑现也不够。随着股票在二级市场变现的魅力不断显现，很多"恩人"也开始不满足于分红，想要在二级市场能够大捞一笔，便纷纷从股东的角度撺掇创始人上市。不过，碍于身份的问题，这些隐名股东并没有在上市辅导时把自己显名化，只是让创始人发誓如果有股东想卖出股票，收益需要归属这些隐名股东。

经过思考，创始人没有向中介机构提及有代持一事。经过周密策划，他让自己唯一的、刚大学毕业的儿子在外面找了一份比较稳定的金融机构的工作，又任命自己的女婿为总经理，管理公司的日常事务，从自己持有的股权里给女婿让了一点作为奖励。

经过多重布局，在隐名股东施加压力之下，在继续对外承诺了很多干股和代持股份的前提下，该公司历尽千辛万苦在监管机构排队了两年多，终于如愿上市了。上市敲钟的那天是星期四，创始人于星期五回到了故土，与公司员工一起庆祝之后，当天晚上便跳楼自杀了。

最终的结果是，创始人的儿子按照《中华人民共和国继承法》（当时还未废止）法定继承了其全部股份，所有被代持的"恩人"们的股权则一概作废了。家族财富得以传承。

这是一个悲惨而壮烈的故事，这并不是要说明股权代持是拦路虎，因为这些都是历史原因积累下来的，而是想说明民企上市的股权代持问题存在隐患，如果处理不好，后续可能会带来更大的问题，甚至付出生命的代价。

2. 外部拦路虎也很可怕

各行各业的同业者多如牛毛，一旦市场占有率在一定时期内位于行业前列时，竞争的残酷性就真体现出来了，谁能当上同行业第一上市公司，谁就能很快实现再融资、并购，成为行业龙头。但万万不能高兴得太早，因为有拦路虎等在前方。

（1）国家政策和监管政策变化可能成为第一道拦路虎

2011年，中国出台政策准备淘汰落后产能开始的前期，有一家行业排第十几名的F玻璃企业经过两年的排期顺利上市。没过多久，国家政策便不再鼓励此类企业走向资本市场，下发红头文件对包括玻璃行业在内的多种高耗能、高污染的落后产能公司进行整改关停，很多已经在证监会排队的企业都撤了材料或被劝退。幸运的是，因为F企业已经上市，所以根据国家政策对现有产能进行了优化改造。经过多轮融资、产能扩张和技术改造，F企业对之前规范性不错的同行业企业进行了并购，顺利跻身业内前三。

所以，就上市而言，如果企业有上市的心思，也选好了板块，等各项事项准备齐全后，办得越快越好。监管政策的变化不可预测，一旦股市下跌，股民开始跳脚，引起监管层不适的时候，IPO就会时不时地暂停。

笔者在此列举IPO暂停的情况。1994年7月21日～1994年12月7日，空窗期近5个月；1995年1月19日～1995年6月9日，空窗期近5个月；1995年7月5日～1996年1月3日，空窗期6个月；2001年7月31日～2001年11月2日，空窗期3个月；2004年8月26日～2005年

1 月 23 日，空窗期 5 个月；2005 年 5 月 25 日 ~ 2006 年 6 月 2 日，空窗期 1 年；2008 年 12 月 6 日 ~ 2009 年 6 月 29 日，空窗期 7 个月；2012 年 11 月 3 日 ~ 2014 年 1 月，空窗期 14 个月；2015 年 7 月 5 日 ~ 2015 年 11 月，空窗期 4 个月。

资本市场为什么一直希望开启注册制，还要限定审批时间？就是希望 IPO 能顺利进行。如果 IPO 形成了"堰塞湖"，一大批排队等待上市的公司，既不能扩张也不能重组，甚至不能大举贷款，而 Pre-IPO 那一轮的募资也已经在几年的等待中花光了，这样实在是苦不堪言。如果再发生出现针对某个行业的政策利空的情况，企业无法上市的风险会大大增加，这些都是不可预估的拦路虎。

（2）新闻媒体可能是第二道拦路虎

2014 年，知名媒体 21 世纪网敲诈黑幕案告破，主编和记者周 × 、刘 × 等被抓。这在很多舆情机构和财经公关公司与媒体的产业链条中，曾经是黑暗混乱的潜规则。当媒体握有企业负面新闻的时候，如果企业肯花点钱去媒体做广告或塞给主编、记者大红包，媒体就可以让这些真的、假的负面新闻统统消失。企业最终只能出钱或被迫接受某些合约，打碎了牙往肚里咽。

猖狂的往往不是主流媒体和有新闻权的中小媒体，而是一些自媒体和大 V 意见领袖。很多人都是无底线地对公司"丑闻"进行传播，索取利益后才把负面消息撤掉，并且大号套小号，此起彼伏，永无止息。直到上市公司完成敲钟过程后，得到了监管部门对过往历史的认可和"洗白"，他们才见好就收，就此作罢——再不作罢也不行了，诽谤上市公司造假是要承担法律责任的。此时上市公司是真的已经憋了一肚子气。

（3）中介机构也可能扮演第三只拦路虎

保荐券商、律师事务所、会计师事务所在公司上市过程中赚到了足够多的辛苦钱，也要承担足够多的责任。监管机构近些年对隐瞒真实情况帮助拟上市公司蒙混过关的现象"零容忍"，处罚的力度也属空前。一家中介机构的一个项目被认定违规，则这家中介机构手中的所有项目都需要暂停申报审核，进行自查。

造假付出的代价是巨大的，很多 IPO 企业莫名"躺枪"。即使是足够大的券商也会百密一疏，无论是投行团队还是律师、会计师，在一定意义上讲其实都是合伙人制的，自己承揽做项目，自负盈亏养团队，背收入指标。这也使得一些项目源缺乏的团队不得不找次一等的、需要整改力度大一些的企业项目来做，这类项目隐藏的风险很大，极有可能出现上述受处罚的情况。

作为"脱光光"展示在投行、律师事务所、会计师事务所面前的拟上市公司来说，几乎没有什么是中介机构不知道的，就连实际控制人是不是外面"养小三"也会被暗中列为"上市可能面临的风险"。因为一旦在上市过程中被抓包，离婚的风险就是分股权的巨大风险，有可能引起实际控制人变更。撤材料再等个两三年，投行等中介机构之前的工作都白做了。

（4）同行是冤家，同行可能是最大的第四只拦路虎

利益越大的行业，如果出现几个寡头且已经上市，又处于强竞争的红海，那么体量不够大，位列行业前几名的公司会想尽一切办法让竞争对手上不了市，或者至少不会让其上得那么顺利。

同行之间是最了解对方的。在商业间谍面前，对方缺陷、创始人的隐私、产品功能虚夸造假等都会成为被攻击的对象。行业寡头也有可能从行业协会和行业标准层面直接限制竞争对手的主打产品，让企业上市后的业绩存在不确定性以引起监管部门的注意并予以问询反馈。直到多次过会不成功后，行业寡头可能就会来跟他们谈收购了。

随着法制环境的不断优化，上述污蔑和勒索的现象已日渐减少，市场也在不断公开、公正、透明的进程之中。可在行业你死我活的白热化竞争和巨大的利益面前，一切都有可能发生。

3."家大业大"之后该分拆上市吗？

中国股市初期对上市公司并购的要求和执行的标准较

为宽容，对上市公司的控股集团向上市公司注入的优质资产行业也没有太多的限制。很多上市公司在专注主业的同时，不断地向上下游或更加延展的范围内做了很多并购，或者内部孵化。随着上市融资成本较低的优势和融资能力的提升，相关非主营业务在专业团队的运作下也开始迅猛发展。

上市公司市值的盘子逐渐增大，资本市场的资金也较难对市值产生大的影响时，上市公司就开始希望将关联交易较小的相关业务分拆出来上市，这样的操作模式也是监管部门鼓励和支持的。

分拆上市能够在策略上提升现有上市公司股价，完成市值管理操作。提高股价的逻辑，在于公司过多的不相关业务放在一起，会导致信息的相对混乱和不清晰，进而导致投资者在对公司进行估值时，出现公司在同行业里被明显低估的现象。这种分拆不但有利于上市公司更加专注地把主营业务做好，而且也有利于将规范性较强的非主业子公司导入资本市场，用其行业通用的估值方式定价，也是为 A 股输送新鲜血液。

证监会 2019 年发布了《上市公司分拆所属子公司境内上市试点若干规定》（以下简称"《若干规定》"），该《若干规定》提出上市公司在满足以下七个条件后，就可以分拆上市：

一是上市公司股票境内上市已满三年。

二是上市公司最近三个会计年度连续盈利，且最近三个会计年度扣除按权益享有的拟分拆所属子公司的净利润后，归属上市公司股东的净利润累计不低于 6 亿元人民币（净利润以扣除非经常性损益前后低值计算）。

三是上市公司最近一个会计年度合并报表中按权益享有的拟分拆所属子公司的净利润不得超过上市公司合并报表净利润的 50%；上市公司最近一个会计年度合并报表中按权益享有的拟分拆所属子公司净资产不得超过上市公司合并报表净资产的 30%。

四是上市公司不存在资金、资产被控股股东、实际控制人及其关联方占用的情形，或者其他损害公司利益的重大关联交易。上市公司及其控股股东、实际控制人最近 36 个月内未受到过中国证监会的行政处罚；上市公司及其控股股东、实际控制人最近 12 个月内未受到过证券交易所的公开谴责。上市公司最近一年及一期财务会计报告被注册会计师出具无保留意见审计报告。

五是上市公司最近三个会计年度内发行股份及募集资金投向的业务和资产，不得作为拟分拆所属子公司的主要业务和资产，但拟分拆所属子公司最近三个会计年度使用募集资金合计不超过其净资产 10% 的除外；上市公司最近三个会计年度内通过重大资产重组购买的业务和资产，不得作为拟分拆所属子公司的主要业务和资产。所属子公司主要从事金融业务的，上市公司不得分拆该子公司上市。

六是上市公司董事、高级管理人员及其关联方持有拟分拆所属子公司的股份，合计不得超过所属子公司分拆上市前总股本的 10%。上市公司拟分拆所属子公司董事、高级管理人员及其关联方持有拟分拆所属子公司的股份，合计不得超过所属子公司分拆上市前总股本的 30%。

七是上市公司应当充分披露并说明：本次分拆有利于上市公司突出主业、增强独立性。本次分拆后，上市公司与拟分拆所属子公司均符合中国证监会、证券交易所关于同业竞争、关联交易的监管要求，且资产、财务、机构方面相互独立，高级管理人员、财务人员不存在交叉任职，独立性方面不存在其他严重缺陷。

2019 年，《中共中央国务院关于支持深圳建设中国特色社会主义先行示范区的意见》正式发布，对资本市场"提高金融服务实体经济能力"提出了进一步要求。符合条件的上市公司可以依据《若干规定》自主选择市场开展分拆上市试点，包括中小板、创业板、主板、科创板和新三板，这也更有利于充分发挥国内多层次资本市场功能。

除此以外，在分拆试点条件、分拆上市流程、分拆上市行为监管方面，《若干规定》也分别提出了明确的要求。正因为有了严格的条件限制，使得上市公司分拆出来满足条件的子公司都变成了"香饽饽"。

投资机构喜欢分拆上市的 Pre-IPO 项目是有理由的。首先是规范性强，前期的并表财报都是符合上市公司标准的，投资机构比较放心，而且按照监管机构的要求，拟分拆所属子公司一般情况下也都满足上市或借壳的条件，只需要投行进行相关辅导后就能上市。相对于稳健项目不好谈 P/E 估值而言，拟分拆子公司项目因为是从上市公司分拆，有常规的市场平均市盈率约束，需要踩着平衡点来确认估值，这一点也容易吸引机构投资者。

不过，二级市场的表现也可能会因为分拆上市而产生消极的影响，分拆过程中的违规操作有可能会出现母公司业务"空心化"、子公司业务无法实质性独立而关联交易占比过大、母子协同效应削弱、大股东利用分拆上市套现、实施利益输送、损害中小股东利益等问题，不但会影响分拆公司的一级市场融资，而且还会对上市公司母公司的股价带来重大打击。

在 A 股上市公司分拆出拟登陆 A 股的子公司中，中国铁建股份有限公司（以下简称"中国铁建"）拔得头筹。

根据 2019 年 12 月 18 日中国铁建 601186 公告：董事会审议通过了《中国铁建关于分拆所属子公司中国铁建重工集团股份有限公司至科创板上市的议案》，中国铁建成了首个在境内分拆上市的 A 股上市公司。铁建重工分拆上市的理由在公告中有说明：既能让子公司独立运行，做大做强公司装备制造板块，增强生产与研发能力，提升技术与创新实力，保留并吸引高水平人才，满足未来战略布局与发展需要；又能巩固自己在高端装备制造领域的核心竞争力及盈利水平。

针对监管部门重点关注的同业竞争问题，公告宣称，针对本次分拆，公司做出书面承诺如下：（1）本公司承诺将中国铁建重工集团股份有限公司（以下简称"铁建重工"）包括其分支机构及控股子公司作为本公司及本公司控制企业范围内从事掘进机装备、轨道交通设备和特种专业装备的设计、研发、制造、销售和维修的唯一平台。（2）中铁建电气化局集团轨道交通器材有限公司（公司并表范围内子公司）与铁建重工全资子公司株洲中铁电气物资有限公司（以下简称"电气物资公司"）均从事接触网支柱生产业务。铁建重工已承诺其将行使作为电气物资公司股东的相关权利，促使并确保电气物资公司不会签署任何新的接触网支柱销售合同，不会在接触网支柱领域开拓新的业务机会。除上述情况外，截至本承诺函出具之日，本公司及本公司控制企业（不含铁建重工）不存在与铁建重工形成竞争的业务。（3）除上述情况外，本公司承诺将尽一切合理努力保证本公司控制企业（不含铁建重工）不从事与铁建重工形成竞争的业务。本公司将对控制企业的经营活动进行监督和约束，如果本次上市后本公司控制企业（不含铁建重工）的业务与铁建重工的业务出现除现有竞争业务之外的竞争情况，本公司承诺在知悉相关情况后立即书面通知铁建重工，并在符合有关法律法规、本公司股票上市地相关证券交易所上市规则、有权监管机构的其他要求、本公司向中国铁建高新装备股份有限公司已经做出的不竞争承诺及利益相关方合法权益的前提下，尽一切合理努力采取以下措施解决本条所述的竞争情况：①在必要时，本公司将减持所控制企业股权直至不再控制，或者本公司将转让所控制企业持有的有关资产和业务；②在必要时，铁建重工可以通过适当方式以合理和公平的条款和条件收购本公司控制企业的股权，或者本公司控制企业持有的有关资产和业务；③如本公司控制企业与铁建重工因同业竞争产生利益冲突，则优先考虑铁建重工的利益；④有利于避免和解决同业竞争的其他措施。（4）本公司承诺不会利用本公司作为铁建重工控股股东的地位，损害铁建重工及其他股东（特别是中小股东）的合法权益。

针对监管部门重点关注的关联交易问题，公告宣称：公司与铁建重工不存在显失公平的关联交易。本次分拆后，公司发生关联交易将保证关联交易的合规性、合理性和公允性，并保持公司的独立性，不会利用关联交易调节财务指标，损害公司利益。

中国铁建这种超大体量上市公司的分拆通过审批说明，万事俱备后东风真的会来。

医药板块因为行业以产品定位市场的特点而"春江水暖鸭先知"，加上资本市场对"研发创新"的追捧，促使了一些医药企业决定将研发的项目分拆出来单独 IPO。曾几何时，海外医药板块最为人津津乐道的分拆上市案例要属药明康德新药开发有限公司（以下简称"药明康德"）了，其从美股退市完成私有化后进行了"一拆三"，分别于新三板（合全药业，已退市）、A 股（药明康德），以及港股（药明生物）资本市场完成了上市。A 股也算迎来了分拆上市的春天，通过科创板和港股对医药板块"宽进"的审批政策，类似药明康德、华兰生物工程股份有限公司、长春高新集团产业股份有限公司、辽宁成大生物股份有限公司等医药企业分拆上市的案例也越来越多，而可能由此而产生的信披违规、内幕交易、操纵市场等行为也成了监管的重点。

为了进一步规范上市公司分拆所属子公司在境内外独立上市行为，保护上市公司和投资者的合法权益，证监会于 2022 年 1 月 5 日发布了《上市公司分拆规则（试行）》。该规则是对《若干规定》及《关于规范境内上市公司所属企业到境外上市有关问题的通知》的修改和整合。

其中，它统一了境内外分拆上市的条件。上市公司分拆上市应当符合以下条件：

一是上市公司股票境内上市已满三年。

二是上市公司最近三个会计年度连续盈利。

三是上市公司最近三个会计年度扣除按权益享有的拟分拆所属子公司的净利润后，归属于上市公司股东的净利润累计不低于人民币 6 亿元（以扣除非经常性损益前后孰低值为依据）。

四是上市公司最近一个会计年度合并报表中按权益享

有的拟分拆子公司净利润不得超过归属于上市公司股东的净利润的 50%；上市公司最近一个会计年度合并报表中按权益享有的拟分拆子公司的净资产不得超过归属于上市公司股东的净资产的 30%。

（八）国内公司上市后的最佳运作方式

前文提及在中国国内上市的诸多好处，上市公司本身肯定体会更多。坊间有个玩笑话，"上了市等于开了一家银行"。很多拆完 VIE 架构后的公司发现，在国外上市不但需要高额的维护费用，仅律师费用就要上百万美元，而且四大会计师事务所的审计费用也比国内高很多，最关键的是做国内业务有时候竟然得不到国内地方政府的支持和认可。

而选择回到国内上市之后，除了北上广深这几大城市，还有上市公司扎堆的江、浙等地，绝大多数二三线城市是举双手双脚欢迎其将公司注册到当地的，除了给钱、给地、给政策，还会动员当地各种力量给项目，待遇胜似"活神仙"。

1. 立足当地主业，做大做强

地方政府的考核指标虽然已经不是唯 GDP 论，但是进行地方基础建设、改善民生等，都需要大量的税收支持来完成。招商引资、促进就业，已成为各地政府关注的重中之重。很多地方政府的城市建设投资公司（以下简称"城投公司"）

瞄准了资本市场，用手里大量的现金来收购上市公司，从短中长期都能增厚当地的 GDP。所以，增加上市公司的主体平台，对当地来说有百利而无一害。

一旦当地的公司完成上市运作，就会得到政府多达数千万元的现金奖励，作为对当地税收和就业做出突出贡献的上市公司实际控制人瞬间就会成为当地领导的座上宾。在务虚务实都得到满足的情况下，上市公司会牢牢守住当地主业，作为安身立命之本。

首先，上市公司能够成为业内龙头，一定是基于内生力量的强大。在上市带来的光环还没褪去之前，上市公司需要积极争取当地政府更有力的支持，有时甚至能够让当地政府帮忙去省里相关部门游说，以达到拿下省内各类项目的目的，让主业的收入利润实现上市后的大幅度增长。反过来又能促进市值飙升，进而带来市场影响力和再融资的成功实施，为当地经济和税收做出更大贡献。上市公司业务的良性循环，为其进一步发展打开局面。

其次，上市公司的非主营业务主体也会给其控股集团注入新鲜血液。上市公司只要能够在当地政府拿到订单，再利用自己的社会地位，以较低的融资成本和较大的融资款项去支撑非主业的发展，直到非主业能够完成自我造血功能，就能再发展成为一家上市公司。

2. 发力并购基金要居安思危

投资机构在投资偏好行业的企业时，一般要对同行业上市公司以确定合理的估值，同时还要判断被投公司是否在某些方面优于已上市公司，这样才能确定投资的正确与否。在二级市场上，如果某细分行业龙头的毛利率为 15%，而要投资的企业毛利率明显高于或低于 15%，在投资和未来上市过程中，都要就此情况进行说明。

此时，上市公司对外扩张便提上日程，利用上市公司能够给各地贡献税收的优势，寻找国内的税收洼地，开始去寻找潜在的可并购优质资产和市场机会。投资机构在被上市公司认定为合作对象的情况下，已经开始考虑依托行业龙头上市公司，既能借助上市公司的影响力拿到便宜的筹码，又能借此机会深入了解行业龙头的需求，得名又得利，何乐而不为。

中国国内上市公司并购企业价格一般定格在 15 倍市盈率，想要突破除非能够证明该项目对上市公司存在重大的战略协同意义。资本市场经过多年的摸索和发展，"上市公司 +PE"模式已经发展成为拓展 PE 项目退出通道的一种常规做法。一方面，上市公司通过并购基金在体外孵化出被并购的项目，能够迅速扩充规模，也能增强业务协同提升自身竞争力；另一方面，即使被投公司想要独立 IPO，对上市公司而言也是一种长期投资收益，在二级市场上也会产生很多概念。

每年资本市场都会列举出很多做 LP 的上市公司参与的基金投出了多少独角兽企业、投出了多少家科创板企业的案例，其实并不一定是上市公司眼光独到，而是在某种机缘巧合下，知名基金管理公司选择其作为 LP，从而成就了上市公司的投资神话。

投资机构协同上市公司做并购基金，首先是选择在投资领域内可能合作的上市公司，主要通过能否是国家鼓励发展的成长性行业、公司团队管理水平、公司在行业中是否具有较强竞争优势、资金实力是否雄厚、是否有并购和市值管理的需求等指标综合考量后选择。

在风险规避合理且适当的情况下，上市公司与外部机构成立并购基金是符合市场化规律的。在企业发展过程中，并购基金将投资项目被上市公司优先并购作为首要目的，并购一定是比自己发展更能快速壮大的通道。上市公司对成立并购基金乐此不疲，也不只是为了市值管理，更多的是为了能够产业协同，或者消灭竞争对手夺得定价话语权，最终能够做到同行业的市场寡头，以坐上行业霸主的宝座。

3. 深入挖掘主业带来的衍生价值

对于轻资产运营的上市公司而言，最先也最容易得到的应该是土地，拿到住宅用地建立总部基地是上市后的目标之一。无论今后经营管理是否遇到不可抗拒的风险，至少到时候手里有实实在在的土地资产，必要的时候可以抵押举债帮助公司渡过难关。

鉴于现在房地产公司拿地的困难程度，很多重资产的上市公司也愿意配合房地产商去勾兑产业用地，将部分住宅用地给房地产商开发以维持财务收支平衡和短期、长期收益的平衡，帮助房地产商完成题材拿地的目的，并且帮助完成当地政府要求的在每亩地上对赌的税收，再按照各自的贡献度拿到房地产商帮助免费代建的部分科研、商业、专家公寓项目。如果住宅配比乐观的话，还能够在住宅和商业地产销售时拿到一部分分红收益。这对于主业不是房地产的上市公司而言，是一种衍生的收益，是可以在不同城市复制的模式。

除了产业勾兑能够给上市公司带来的远期价值之外，上市公司主营业务衍生品也能出奇制胜。

例如做床上用品的某上市公司，为了增强对儿童的吸引力，招聘了很多动漫高手，创作了受人喜爱的多个 IP（形象打造），同时制作成动漫作品在各地电视台的少儿频道播放，再将憨态可掬的卡通形象应用到儿童床具和床上用品制作中，深受客户欢迎。动漫作品的版权也给公司持续创造了不错的收入和利润贡献。随着多剧集动画片及大电影的开播，各行业知名包括服装、鞋帽等厂商都来申请使用其 IP，主业带来的衍生业务有超越主营贡献之势。

凡是过往，皆为序章。登上资本市场的舞台，总会有不一样的精彩！

附录 1 专业名词解释

1. GP（General Partner）：普通合伙人。有限合伙制基金中承担基金管理人角色的投资管理机构。

2. LP（Limited Partner）：有限合伙人。有限合伙制基金中的投资者。

3. 天使投资：是权益资本投资的一种形式，指对原创项目或小型初创企业进行种子轮的前期投资。

4. VC（Venture Capital）：风险投资。由风险投资机构投入到新兴的、迅速发展的、具有巨大竞争潜力的企业中的一种权益资本，即对成长期企业的投资。

5. PE（Private Equity）：私募股权投资。与上述VC的定义对比来讲，此处指狭义的私募股权投资。狭义的PE主要指对已经形成一定规模的，并产生稳定现金流的成熟企业的私募股权投资。而广义的PE指涵盖企业首次公开发行前各阶段的权益投资，即处于种子期、初创期、发展期、扩展期、成熟期和Pre-IPO各个时期企业所进行的投资。主要可以分为三种：PE-Growth，即投资扩张期及成熟期企业;PE-PIPE,即投资已上市企业;PE-Buyout,即企业并购,是欧美许多著名私募股权基金公司的主要业务。

6.PE FOFs:私募股权母基金。指将投资人手中的资金集中起来,分散投资于数只PE基金的基金。这种类型的基金可以根据不同PE基金的特点构建投资组合,有效分散投资风险。

7.承诺出资制:承诺出资是有限合伙形式基金的特点之一。在资金筹集的过程中,普通合伙人会要求首次成立时先有一定比例的投资本金到位,而在后续的基金运作中,投资管理人根据项目进度的需要,以电话或其他形式通知有限合伙人认缴剩余部分本金。与资金一次到位的出资方式相比,承诺出资制大大提高了资金的使用效率。例如分三次分别出资40%、30%、30%,每次出资相隔6个月。如果投资者未能及时按期投入资金,按照协议他们将会被处以一定的罚金。

8.优先收益:又称"门槛收益率"。优先收益条款确保了一般合伙人只有在基金投资表现优良之时,才能从投资收益中获取一定比例的回报。通常当投资收益超过某一门槛收益率(有限合伙人应当获取的最低投资回报)后,基金管理人才能按照约定的附带权益条款从超额投资利润中获得一定比例的收益。例如某PE产品规定,在投资人首先收回投资成本并获得年化5%优先回报的情况下,获取10%的净利润作为超额收益分配。

9. IPO（Initial Public Offerings）：首次公开募股。指一家企业或公司（股份有限公司）第一次将它的股份向公众出售，也就是俗称的上市。通常，私募股权投资机构会期望以合理价格投资于未上市企业或公司，成为其股东，待企业或公司IPO后以高价退出，获得高额回报。

10．并购：一般指兼并和收购。兼并指两家或更多的独立企业合并组成一家企业，通常由一家占优势的公司吸收一家或多家公司。收购指一家企业用现金或有价证券购买另一家企业的股票、资产，以获得对该企业的全部资产或者某项资产的所有权，又或者对该企业的控制权。并购也是私募股权机构的一种主要退出方式。

11．联合投资：对于一个投资项目，可能会有多个机构同时关注，当多个投资机构决定共同投资于该企业时，这样的投资方式被称作联合投资。一般来说，联合投资会有领投机构和跟投机构的区分，领投机构会负责分析待投资企业商业计划书的可行性，跟投机构则主要参与商议投资条款。

12. ROI（Return on Investment）：投资回报率。是指通过投资而应获得的价值，即企业从一项投资活动中得到的经济回报，涵盖了企业的获利目标。利润和投入经营所必备的财产相关，因为管理人员必须通过投资和财产增值获得利润。投资可分为实业投资和金融投资两大类，人们平常所说的金融投资主要是指证券投资。投资回报率＝年利润或年均利润/投资总额×100%，从公式可以看出，企业可以通过降低销售成本提高利润率，通过提高资产利用效率来提高投资回报率。投资回报率的优点是计算简单。投资回报率往往具有时效性——回报通常是基于某些特定年份。

13．ROE（Return on Equity）：净资产收益率，又称股东权益报酬率、净值报酬率、权益报酬率、权益利润率、净资产利润率。是净利润与平均股东权益的百分比，是公司税后利润除以净资产得到的百分比率。该指标反映股东权益的收益水平，用以衡量公司运用自有资本的效率。指标值越高，说明投资带来的收益越高。该指标体现了自有资本获得净收益的能力。

14．IRR（Internal Rate of Return）：内部收益率。是资金流入现值总额与资金流出现值总额相等、净现值等于零时的折现率。

15．优先清偿权：公司如果进行清算程序，公司所有股东按照各自持股比例参与分配。如果投资方的分配份额低于按"赎回事件"条款计算的赎回价格，则控股股东应向投资方支付相应的差额。

16．Hurdle Rate：门槛收益率。基金设立时即设定的给基金管理人支付收益分成时，基金需要达到的最低收益指标，实际收益达到该最低回报率之后即可获取收益分成，否则基金管理人就不可获取收益分成。

17．CI（Carried Interest）：附带权益。基金的投资回报中超过门槛收益率外由基金管理人获取的业绩提成部分。

18. FOF（Fund of fund）：基金中的基金，是一种专门投资于其他基金的基金。

19. MBO（Management Buy-Outs）：管理者收购，是公司的经营管理层利用自有或者募集资金购买公司股份，以实现对公司所有权结构、控制权结构和资产结构的改变，是实现经营管理者以所有者和经营者合一的身份主导重组公司、进而获得产权预期收益的一种收购行为。

附录2　业务尽职调查清单模板

一、公司基本情况

（一）请描述公司基本情况（包括公司简介、历史变革、主营业务及发展、地理范围、收入及利润等信息）。

（二）请描述公司在发展过程中的重要事件，包括但不限于股权变更、收购和处置重大资产或业务，管理层变动，重要的融资和资产注入活动等。

（三）请描述公司近期的股权结构。

（四）请描述公司成立至今是否存在已经实施的、正在实施的或拟进行的增资扩股、股份转让、重大资产重组等事项。

（五）请提供公司参股公司及公司全部分支机构的名单及股权结构。

二、公司的经营管理

（一）请分别介绍公司的主营业务，并按照公司的各事业部，分别介绍其下属公司的主营业务及目前从事的经营活动情况，该描述包括但不限于：

275

1．公司的主营业务、经营所在地、实际经营起始日、经营模式、业务流程、项目流程、技术研发、技术应用、主要市场情况等；

2．公司自设立以来的经营业务是否有变化，如有，请描述相关变化的情况；

3．公司与其他任何实体（包括控股股东和实际控制人控制的其他企业）共同合作、联营等的情况；

（二）请描述公司各项业务所占比重。

（三）请描述公司在生产运营时如何进行成本控制。

（四）请说明公司如何防范原材料、设备成本上涨的风险。

（五）请描述公司如何挑选供应商。

（六）公司与任何供应商之间是否存在任何长期合约？与这些供应商的协议每隔多久续期？

（七）列举采购定价策略或机制。

（八）公司采购能够获得的一般赊账条件是什么？与行业惯例相比如何？

（九）是否与供应商在过去的合作中产生过矛盾，进而影响生产的进行？最后是以什么样的方式解决的？

（十）请描述公司业务模式、公司的主要业务渠道拓展及维护情况，公司主要的合作方及与交易对手的合作方式。

（十一）请描述公司主营业务的市场份额、行业地位，主要市场的地域分布和市场占有率。

（十二）请详述公司主营业务过往三年的市场规模与市

场容量。

（十三）请分别说明国内外的政策对公司所处行业的影响。

（十四）公司拥有的技术和知识产权情况。

（十五）公司所取得的相关行业协会会员资格。

（十六）未来三年主要的机遇、风险（经营风险、法律风险、财务风险、监管风险等），具体体现在哪些方面，以及公司如何定位来应对这些机遇和风险。

三、财务数据

请提供公司近三年经审计的财务数据，包括但不限于：

（一）按区域划分的收入构成明细表（单位与金额）与毛利分析说明。

（二）人工成本明细。

（三）销售费用、管理费用与其他经营费用明细表。

（四）请介绍公司应收账款和应付账款的管理政策，包括主要客户的应收账款和应付账款的金额总额和期限明细。

（五）请谈谈公司目前的税务状况，包括具体的财务税收优惠政策。

（六）不同业务板块的其他业务收入与费用的明细。

（七）不同业务板块的营业外收入支出的明细。

（八）请介绍过去财务年度的主要资本支出项目和预估金额，以及当前及未来三个财务年度的主要资本支出项目和预估金额。

四、公司股东

（一）请提供公司股东名单并在该名单上注明股东及实际控制人各自的出资额和持股比例。

（二）请提供公司大股东的情况介绍。

五、人力资源

（一）请说明公司业务板块所雇用员工人数，以及未来两到三年的人力资源发展规划及公司员工结构会发生哪些重大变化。

（二）请介绍公司目前的薪酬管理制度，以及采取了何种薪酬奖励措施。

（三）请说明过去一个会计年度的工资、薪金情况，以及今年预期增减情况。

（四）请说明管理层和其他员工的任何利润分享、奖金、养老、股份购买安排或股票持有情况。

六、公司架构、董事会和高级管理人员

（一）请描述公司目前的管理体制，并提供各事业部之间的职责划分与关系，详细阐述各事业部与事业部下属子公司的运营管理体制。

（二）请提供最新的公司章程。

（三）请提供公司董事及相关管理层名单及简历。

（四）请概括介绍公司层面的主要管理决策流程。

（五）请介绍董事会人员构成，提供公司章程。

（六）请说明公司董事会成员中非执行/执行董事、独

立董事等比例要求和选择标准；请提供已授予或将授予公司（以及子公司和附属机构）董事的所有报酬、奖金和贷款情况。

（七）请说明公司现任董事、监事、总经理、副总经理、财务负责人及其他高级管理人员从何处领取薪酬，以及上述人员在其他公司的任职情况并提供其任职公司名单。

七、公司所处行业情况、市场情况及预测

（一）请说明公司所在行业的行业现状、技术水平、国内市场情况、国际市场情况、主要竞争对手、行业分类等。

（二）请对公司所在行业的国内外发展历程、现状与发展前景进行分析。

（三）请描述公司所处行业的管理体制、行业政策、行业规模、市场容量、竞争状况、技术水平等方面情况及其变化趋势。

（四）请列举影响行业发展的有利和不利因素。

（五）请描述国家对公司业务的主要产业政策。

（六）请对公司不同的业务板块的经营进行地域性分析。

八、竞争情况

（一）请介绍公司主要客户的基本情况及公司下游产业链的市场情况。

（二）请描述公司面临的主要竞争对手，以及公司与主要竞争对手在技术水平、市场份额、产品的先进性、价格、营销能力、研究开发能力、财务状况等方面的比较情况。

（三）请从规模、成本、商业模式、技术、人才等方面具体阐明公司的竞争优势。

九、公司发展规划

（一）公司是否有计划扩大或缩小其业务规模，或者经营范围。

（二）公司未来发展战略及规划，短期和长期经营目标，以及实现这些目标所需采用的业务规划与策略。

（三）比较自己与其他竞争者的优势和不足，判断公司的业绩与整个行业及其竞争者的总体业绩是否存在重大差异。

（四）公司潜在的订单及项目情况。

附录 3　投资意向书模板

A 公司与 B 公司

之

投资意向书

年　月　日

本投资意向书（以下简称"意向书"或"协议""本协议"）由以下各方于XXXX年X月X日（以下简称"签署日"）在XX签署：

投资方：A公司

公司：B公司

甲方：

乙方：

丙方：

丁方：

戊方：

（投资方、公司、甲方、乙方、丙方、丁方、戊方单称"一方"，合称"各方"；甲方、乙方、丙方、丁方及戊方单称及合称"创始股东"；"公司"亦称为"目标公司"）。

鉴于：

1. 投资方系依据中国法律合法成立并有效存续的有限合伙企业。

2. 公司系依据中国法律合法成立并有效存续的股份有限公司。

3. 投资方有意以股权投资方式投资于目标公司，目标公司亦有意按照各方认可的投资方案接受投资。

4. 各方就本次投资事宜及各方未来的战略合作进行了良好的沟通。

5. 甲方为目标公司的实际控制人，可以代表创始股东签署本协议，并承担相关责任。

　　本合作意向书概括了对 B 公司展开投资计划的主要条款。除"非约束性""保密""适用法律及争议解决"条款具有法律效力外，在各方未签署最终投资协议前，本合作意向书的其他条款无法律约束力。

　　本合作意向书的签署不是投资方对本次投资的承诺，投资方是否投资及最终投资条件取决于投资方完成对公司的法律、财务和商业等尽职调查以及签署相应的投资协议。

　　基于上述说明，各方根据中国法律、法规和规范性文件的规定，经友好协商，达成如下意向：

附：表1

项目	主要内容
目标公司 / 公司	B 公司
投资方 / 本轮投资方	指 A 公司 / 或其关联方
本次投资	投资方以人民币货币出资方式认购目标公司本次新增的股份
公司上市	指公司首次公开发行股份并将其股份在中国上海证券交易所或深圳证券交易所上市交易
本次投资之先决条件	本轮投资方支付相关增资款的先决条件为： （1）目标公司未发生或可能发生对目标公司的财务状况、经营成果、资产或业务造成重大不利影响的事件。

（续表）

项目	主要内容
本次投资之先决条件	（2）目标公司股东大会批准本次增资以及相关交易文件并通过相关决议；且目标公司现有股东已签署有效放弃本次增资的优先认购权的文件（如需）。 （3）公司已就本次增资事项召开董事会、股东大会，并审议通过新的公司章程。 （4）公司及现有股东没有发生违反增资协议所做承诺的事项
本次投资估值及增资意向	B公司以投前估值××亿元人民币进行增资公司在本轮增资前公司估值为××亿元的公司，注册资本××万元，公司每一元注册资本增资价格为人民币××元
股权比例	投资方本轮投资后的持股比例＝（投资方投资金额×公司估值为××亿元的公司注册资本/公司投前估值）/本轮增资后公司注册资本数额
股权架构	本投资合作意向书签署时公司最新的股权结构见附件
优先认购权	在公司向其他方提出任何增资或发行新股要约时，本轮投资方有权根据届时其持有的公司股权比例优先认购相应的新增注册资本或新股（但为发行员工持股计划、收购另一家公司的事项除外），且购买的价格、条款和条件应与其他潜在增资方相同。 公司应在增资或发行新股要约涉及的股东大会召开前至少三十（30）日向各股东发送一份关于拟定增资的书面通知（"增资通知"）增资通知应当包括以下内容：拟增加的注册资本或发行的新股及增资后潜在增资方在公司的持股比例；潜在增资方的名称、身份地址等信息；增资或发行新股的其他主要条款；与潜在增资方有关的所有交易文件之复印件，包括但不限于交易协议及意向书。如果本轮投资方决定行使优先认购权，应于收到增资通知后三十（30）日内（"增资通知期限"）书面告知公司其拟认缴的增资额。同时，如果本轮投资方决定按本协议的约定投资目标公司，目标公司应尽最大努力不以前轮投资者拥有优先购买权为由，拒绝本轮投资。实际控制人、创始股东及目标公司应尽最大努力实现本轮投资方完成本轮投资

（续表）

项目	主要内容
优先购买权和共同出售权	除非各方另有约定，在公司上市前，未经本轮投资方事先书面同意，创始股东不得直接或间接地出售、质押或以其他方式处分其持有的公司股权。如果任一方（以下称"拟转让方"）计划向任何主体（以下称"受让方"）转让、出售其直接或间接持有的公司的全部或部分股权（因本轮投资方的股东／出资人／权益持有方发生不符合股东主体适合要求的变动，或因本轮投资方境内人民币基金重组整合的商业原因，向其股东主体适合的关联方转让、出售其持有的公司股权的情形除外），该拟转让方应立即书面通知本轮投资方"优先购买权股东"和其他股东，如实告知拟转让的股权份额、价格和主要条件。优先购买权股东有权按照受让方向拟转让方提出的条款和条件，或拟转让方向受让方提出的条款和条件，按其优先受让份额（优先购买权股东的"优先受让份额"系指该优先购买权股东在行使优先购买权之前持有的公司的出资额除以公司认缴注册资本），优先购买拟转让方拟转让的全部或部分公司股权，但优先购买权股东应在收到拟转让方的书面通知之日起三十（30）个营业日内书面回复拟转让方其是否行使前述权利。如果优先购买权股东在收到转让股东的书面通知之日起三十（30）个营业日内未书面回复拟转让方，则视为放弃本款所赋予的优先购买权。为避免疑义，在不影响公司的业绩连续计算且公司实际控制人不变的前提下，由创始股东向其关联方出售股权的股权转让，或创始股东为实施本轮投资方或股东大会批准的股权激励或员工持股计划而转让公司股权的情形不受本条限制在上一款规定的拟转让方为创始股东的情况下，如果本轮投资方决定不行使或放弃上述优先购买权，则本轮投资方有权利（但无义务）按照与创始股东与受让方就拟议的股权转让达成的条款与条件按届时的相对持股比将其股权的全部或部分售予受让方。若受让方不接受按照上述约定购买本轮投资方的股权，则创始股东不得向该受让方出让其股权但本轮投资方应在收到创始股东的书面通知之日起三十（30）个营业日内书面回复创始股东其是否行使前述权利。如果本轮投资方在收到创始股东的书面通知之日起三十（30）个营业日内未书面回复创始股东，则视为放弃本款所约定的共同出售权

（续表）

项目	主要内容
反稀释条款	若公司发行任何新股（或可转换为股权的证券票据）或进行任何增资，且该等新股的单价（"新低价格"）低于本轮投资方取得公司股权而支付的每股单价（如有股本转增、送红股等导致公司股本变化，每股单价应相应调整，"本轮投资方认购单价"），则作为一项反稀释保护措施，本轮投资方或有权以零对价或其他法律允许的最低对价进一步获得公司发行的股权（"额外股权"），或要求创始股东承担反稀释义务，由创始股东以零对价或其他法律允许的最低价格向本轮投资方转让其在公司持有的股权，以使得发行额外股权（或从创始股东受让股权）后本轮投资方为其所持的公司所有股权权益所支付的对价相当于新一轮融资价格调整的"加权平均价格"。但根据员工持股计划发行股权，或董事会薪酬委员会批准的其他股权激励安排下发行股权应作为例外。对于本轮投资方而言，前述加权平均价格计算公式如下： $$本轮投资方认购单价 \times \frac{本轮投资后公司股本 + 新一轮融资总额 / 本轮投资方认购单位}{本轮投资后公司股本 + 新一轮融资总额 / 新低价格}$$
回购条款	若自×××× 年×月×日（此时间为预估时间，应以公司与本轮融资领投方及其他各方签署与本次投资相关的投资协议／增资协议／股权认购协议等协议约定时间为准）前公司未能完成公司上市，或创始股东或公司严重违反本协议或关于本次投资的其他交易文件且未能在本轮投资方要求的时限内及时补救时，则本轮投资方在此后的任何时间均有权分别要求创始股东或公司以相当于下列金额的购买价格回购本轮投资方持有的全部或部分公司股权：回购价格 = 要求回购的股权所对应的支付对价 + 要求回购的股权所对应的支付对价×x% 的单利 × 投资者持股年限，加上每年累积的本轮投资方所持股权对应的所有未分配利润（按照该本轮投资方要求回购的股权部分所占比例计算，其中不满一年的回报及红利按照支付回购价款

（续表）

项目	主要内容
回购条款	时实际经过的时间按比例折算）。在发生回购情形时，除提出回购的本轮投资方外，其他公司股东（为免疑义，包括未提出回购要求的股东）承诺不会通过任何方式阻碍该等回购的进行。创始股东承担本条回购责任不应超过其届时持有的公司股权的价值。公司如收到其他股东要求行使回购权的通知时，应立即且必须在履行该等回购义务前将该等回购请求书面通知本轮投资方。本轮投资方应在收到公司的书面通知之日起十五（15）个营业日内向公司书面确认收悉如本轮投资方未能在十五（15）个营业日内向公司提交收悉的书面确认函，视为该本轮投资方已经收悉。公司和创始股东不得在未收到本轮投资方的收悉确认函或发出书面通知之日起十五（15）个营业日之内（以较早发生者为准）履行回购义务。若发生多个公司股东共同要求行使回购权的情形（若有）则各方同意，本轮投资方有权优先于其他公司股东实现全部回购权利
优先清算权	若公司发生任何清算、解散或终止情形，公司清算后所得在依法支付了清算费用、职工工资和劳动保险费用，缴纳所欠税费、清偿公司债务后（该等支付在视为公司的清算、解散或终止的情形下不适用），本轮投资方有权优先于公司的其他股东就以下金额获得优先清偿。具体为：本轮投资方优先于公司的其他股东（无论该股东是否享有清算优先权）取得其为进行本次投资而支付的全部价款（当触发本条款时，本轮投资方持有的公司股权如已经因为该本轮投资方此前的转让、受让股权等事实而发生变更的，则该本轮投资方对应的为进行本次投资而支付的价款金额则按同等比例变更）加上持股年限内按照 x% 的内部收益率计算的回报（两者总和的金额称为"本轮投资方清算优先额"）。同时，若本轮投资方按照持股比例核算其所能获得的清算所得（单称及合称"比例清算额"）高于其行使优先清算权所能获得的本轮投资方清算优先额的，本轮投资方有权选择直接按照其所持有的公司股权比例取得该等比例清算额。

（续表）

项目	主要内容
优先清算权	为本款之目的，致使公司股东未能在存续的实体中维持多数投票权的公司的兼并或合并或对公司全部或绝大部分资产的出售均应被视为公司的清算、解散或终止，从而触发本轮投资方有权取得清算优先权所对应的价款如由于中国法律法规或政府审批的限制导致本轮投资方的清算优先权无法完全实现，创始股东同意在其因清算而获得的全部额度的范围内（如有）以无偿赠予或法律许可的其他方式尽力实现本轮投资方享有的全部本轮投资方清算优先额，或应本轮投资方的自主选择采取比例清算额的方案
分红权	公司应按照章程规定向各股东足额支付股息红利，在未向本轮投资方支付股息红利前不得向公司其他股东支付任何股息红利
知情权及检查权	只要本轮投资方在公司中持有股权，公司应向本轮投资方交付（与公司及其子公司相关的）下列文件： （1）每一次董事会会议结束后 10 日内，提交经全部参会董事签字的当次董事会完整的会议决议、会议记录和会议材料的复印件或彩色电子扫描件。 （2）每一会计年度结束后 90 日内，提交经由本轮投资方认可的一家会计师事务所根据中国会计准则出具的公司的该年度审计报告。 （3）每个会计月度结束后 21 日内，提交未经审计的根据中国会计准则编制的月度财务报表。 （4）每个会计季度结束后的 30 日内，提交未经审计的根据中国会计准则编制的季度财务报表。 （5）每一会计年度结束前的 30 日内，提交下一会计年度的年度预算。 （6）送交任何股东的所有文件和其他资料的复印件。 （7）本轮投资方不时要求提供的其他信息。 在合理必要且不影响公司正常运营的前提下，经提前五（5）日通知公司，本轮投资方应享有对公司及其任何子公司的设施的检查权

（续表）

项目	主要内容
竞业禁止条款	目标公司、创始股东承诺在本轮投资方持有目标公司股份期间，其本身、关联方、目标公司的由创始股东提名的董事、监事及高级管理人员、核心人员以及上述人员的关联方不以任何形式（包括但不限于促使其控制的人员）从事或参与对目标公司及附属企业的经营业务构成或直接或间接竞争关系的业务
避免关联交易	目标公司、创始股东承诺其不利用任何关联关系或关联交易转移目标公司的资源或利益；若利用关联关系或关联交易取得利益的，该利益应当全部归属于目标公司；若其利用关联关系或关联交易造成目标公司和/或本轮投资方利益受损的，将应负责赔偿目标公司和/或本轮投资方所遭受的直接和间接损失
股东权利行使安排	各方同意，若多个享有本投资意向书所述回购"优先清算权""分红权"权利的公司股东同时主张行使该等权利的，则本轮投资方优先于该等股东享有该等权利；若多个享有本投资意向书所述"优先购买权""优先认购权""共同出售权"的公司股东同时主张行使该等权利的，则本轮投资方与其他该等股东按期届时的股权比例行使该等权利
其他	各方明确同意，自××××年×月×日（此时间为预估时间，应以公司与本轮融资领投方及其他各方签署与本次投资相关的投资协议/增资协议/股权认购协议等协议约定时间为准）起，且受限于适用法律和公司上市的需要，本轮投资方有权向任何股东主体适合的第三方转让股权，若本轮投资方拟转让股权的公司其他股东应同意签署一切必要文件、并采取一切必要行动以配合本轮投资方完成该等股权转让（为避免疑问，如转让给其他公司股东，则需由公司董事会审议通过后方可执行）若任何一方转让其持有的任何公司股权，该方在本协议下享有的任何特别权利或优先权可一并转让给股权受让方，前提是该方给予公司书面通知，且受让方承诺其将承担该方在本协议及章程等文件项下的所有义务

项目	主要内容
有效期	本意向书在发生以下任一事项时自动予以终止：本意向书在双方签署盖章后正式生效，如投资方未在×××年×月×日前通过投决会投票同意本次增资事项，则本意向书自动终止。 本意向书在双方签署盖章后正式生效，如各方未在×××年×月×日前正式签署本轮正式投资协议（包括但不限于投资协议股东协议等），则本意向书自动终止
费用承担	如最终本轮投资无法实现，则各方费用由各方自行承担
保密与承诺	本次投资的条款条件（包括本意向书）、现有股东与投资方之间的讨论、本次投资的存在以及一方向另一方提供的与本次投资相关的任何信息均构成保密信息，该保密信息无对方的事先书面同意不得向任何第三方披露。此种义务应在关于本合作意向书的谈判终止后仍然有效，如本次投资完成，各方的保密义务应以各方届时签署的投资协议为准。但本条前述规定不限制投资方、公司、现有股东为评估和实施本次投资之目的，向其关联方、其及/或其关联方的员工、董事、股东、顾问、管理人、有限合伙人等相关方披露前述信息
法律适用及争议解决	本意向书的签署、效力、解释、履行、修改或终止等均适用中国法律
有效性条款	本意向书除"有效期""保密与承诺""法律使用及争议解决"条款外，其余部分对各方不具有法律约束力，其余部分本身或对其任何形式的讨论及履行均不构成对任何一方设置任何责任或义务。本次投资仅在各方完成必要的批准或备案、完成尽职调查并获得投资方满意的结果，并经各方签署与本次投资相关的投资协议/增资协议/股权认购协议等协议后，方可视为各方已达成与本次投资相关的具有法律约束力的协议

（续表）

项目	主要内容
领投方优先条款	投资方确认，其非为公司在本轮融资中的领投方，投资方确认，在公司与各方（包含本意向书投资方之外的其他投资方）签署与本次投资相关的投资协议／增资协议／股权认购协议等协议时，投资方同意均按照公司与本轮投资的领投方协商确定的条款内容为准
其他	本意向书壹式×份，各方各执壹份，每一份具有同等法律效力。

附件　公司目前最新的股权结构

股东名称	出资额（人民币／万元）	持股比例
合计		

兹此，各方或其授权代表已分别于文首所列日期签署本协议，以昭信守。

（以下无正文）

（本页无正文，为 A 公司与 B 公司之投资意向书之签字页）

A 公司（盖章）　　　B 公司（盖章）

授权代表：　　　　　执行事务合伙人委托代表：

签字：

后 记

"鹏北海，凤朝阳。又携书剑路茫茫。"金融从业十数载，还是一直在路上。投资是可以成为终身职业的绝佳选择，比起投行思维的遍地开花，投资的专注和高回报也是值得用一生去研究的。

写完这本书，我轻松了许多，因为把多年来的从业经验都记录了下来，也算是给了过去的自己一个交代。感谢奋斗不止的自己——草根的"北漂"生涯靠的是超级乐观的积极心态，不断追求上进、努力拼搏的果敢勇气，寻找机会的犀利双眼和始终停不下来的奋斗脚步。

感谢支持我的朋友（排名不分先后），他们是周翔、张海营、李铮、苗权、洪英莉、张海峰、黄向亮、王静、张运霞、仪芳媛、罗泽汀、胡力荣、陆積、袁立、王耀军、王玉强、张耘、王虹、郑珺等。